Zum Inhalt

In diesem Buch soll von der grünen Lebenskraft die Rede sein, die nach Hildegard von Bingen die Grundlage ist für Gesundheit, Wohlbefinden und Heilung. Die in der Natur liegenden Kräfte stehen für unser leibliches und seelisches Wohl zur Verfügung. Auch unsere Antriebe, Gefühle und Gedanken beeinflussen unseren Organismus und äußern sich in Körpersymptomen. Sinn und Ziel aller Heilung aber gründet in der Frage nach dem letztlichen Heil des Menschen, nach seiner Heiligkeit, und somit in der Frage nach der Transzendenz, nach Gott.

Bei Hildegard von Bingen durchdringen sich alle drei Ebenen und leben in einem ständigen Austausch. Am Ende jedes Kapitels steht eine Meditation, die dazu anleiten soll, das Gelesene in das eigene Leben hereinzuholen. Es sind Texte, die auf den Schriften der heiligen Hildegard beruhen und uns dazu verhelfen können, heil zu werden.

Die Autorin

Hildegard Strickerschmidt, geboren 1930, verheiratet, Mutter von drei erwachsenen Söhnen. Ausbildung als Sozialarbeiterin und Zusatzausbildung in Heilpädagogik am Heilpädagogischen Seminar der Universität Zürich. Zeitweise Tätigkeit als Assistentin und Dozentin an der Höheren Fachschule für Sozialarbeit des Deutschen Caritasverbandes in Freiburg sowie an den Erziehungsberatungsstellen Freiburg und Lindau. Seit etwa 20 Jahren selbständig tätig als Heilpädagogin, vor allem in der Behandlung von Kindern mit Sprach- und Verhaltensauffälligkeiten, Elternberatungstätigkeit. Regelmäßige Seminararbeit in der Erwachsenenbildung, seit vielen Jahren spezialisiert auf Themen um Hildegard von Bingen. Referentin am neuen Hildegard Forum, Bingen.

Haben Sie Interesse
an den Neuerscheinungen des
HILDEGARD FORUM Verlages?

Unsere Spezialität: die Person und Lehre
der Hildegard von Bingen

Dann schreiben Sie uns,
denn weitere Bücher von
Hildegard Strickerschmidt
sind in Vorbereitung.

Unsere Adresse:
HILDEGARD FORUM Verlag
Rochusberg 1
55411 Bingen

Hildegard Strickerschmidt

Heilung an Leib und Seele

Gesundheit und Lebenskraft

Praktische Ratschläge zur positiven Lebensgestaltung

2. überarbeitete und neugestaltete Auflage

Hildegard Forum Verlag, Bingen

Bildnachweis

Titelbild, S. 16 und 98: Motive Kosmosmensch und Lebenskreis aus dem Lucca-Kodex: Die Rechte für diese Bildtafeln des Codex Latius 1942 der Biblioteca Statale di Lucca liegen beim Bischöflichen Dom- und Diözesanmuseum Mainz.
S. 7 und 8: Martin Grünewald, Hennef
Alle weiteren Fotos: Klaus Strickerschmidt, Lindenberg (Allgäu)

Für die freundlich erteilte Abdruckerlaubnis der Textstellen aus "Welt und Mensch" (WM), "Der Mensch in der Verantwortung" (MV) und Briefwechsel (B) danken wir dem Otto Müller Verlag, Salzburg.

Für die freundlich erteilte Abdruckerlaubnis der Textstellen aus "Wisse die Wege" (SC), "Heilkraft der Natur" (PH), "Heilwissen" (H) und "Gebete" (G) danken wir dem Pattloch Verlag, Augsburg.

1. Auflage (Pattloch Verlag) 1993
2. überarbeitete und neugestaltete Auflage 1997

© HILDEGARD FORUM VerlagsGmbH, Bingen
Graphische Gestaltung: Martin Grünewald
Druck: Girold, F-Mutzig
Alle Rechte vorbehalten

ISBN 3-00-001776-3

Inhalt

6	**Vorwort**
7	**Einleitung**
13	**Ich will leben.** Die "grüne Lebenskraft" als Geschenk
23	**Ich bin ein Teil der Natur** Lebenskraft aus der Natur
38	**Ich fühle mich wohl in meiner Haut** Die Seele als grünende Lebenskraft im Leibe
53	**Ich habe alles in mir, wodurch ich wirken kann** Lebenskraft durch positive Selbsteinschätzung
68	**Ich kann mich annehmen, wie ich bin** Die grünende Lebensfrische der Selbsterkenntnis
78	**Ich bin lebendig, weil ich mich freuen kann** Die Lebenskraft der Freude
90	**Das Gute, das ich tue, tut mir gut** Die Grünkraft der Tugenden
102	**Ich denke um** Die lebenserneuernde Kraft der Reue
116	**Mein Glaube macht mich lebendig** Durch die Gotteskräfte wird der Mensch immer wieder neu
129	**Ich liebe das Licht** Das lebendige Licht Gottes
140	**Wichtige Daten aus dem Leben Hildegards**
142	**Anhang** Weiterführende Literatur/Abkürzungen

Vorwort

Das vorliegende Buch kommt dem oft geäußerten Bedürfnis vieler Menschen entgegen, die zum Teil recht schwierigen Werke der heiligen Hildegard für das eigene Leben und seine konkreten Nöte aufzuschlüsseln. Hildegard war nicht nur eine vom Geist Gottes erfüllte Theologin, Wegweiserin und Prophetin. Sie zeigt nicht nur Wege des Heiles auf, sie will zugleich heilen – an Leib und Seele. Heil und Heilung sind für sie eine untrennbare Einheit.

Man kann nur dankbar sein, daß die Verfasserin dieses Buches die selbst Heil-Pädagogin ist – mit ihrer Intention, Heilungswege nach Hildegard zu vermitteln, nicht zu kurz greift, sondern immer das Ganze der Schau Hildegards im Auge behält und eindeutig und hilfreich in einen klaren theologischen Zusammenhang stellt.

Frau Strickerschmidt hat sich mit Erfolg über viele Jahre hinweg theoretisch und in praktischer Therapie mit den Schriften der heiligen Hildegard auseinandergesetzt und es verstanden, für sich und für andere Wege zum Mitgehen zu eröffnen.

Möge das kleine Werk manchem nach Heilung suchenden Menschen helfen und ihm zugleich Türen für die Welt Gottes öffnen.

Sr. Caecilia Bonn OSB

Einleitung

Kaum ein Name hat in den letzten Jahrzehnten so viel Beachtung gefunden wie Hildegard von Bingen. Sie hat ein großes Lebenswerk hinterlassen, das erst in unserer Zeit erschlossen wird.

Vor allem die Schwestern der Abtei St. Hildegard in Eibingen bewahren das geistige Erbe Hildegards von Bingen, aber auch Prof. Heinrich Schipperges, Medizinhistoriker, hat ihre theologischen und heilkundlichen Werke übersetzt und interpretiert. Es gibt aber auch eine wachsende Zahl von Ärzten, die die naturkundlichen und medizinischen Schriften Hildegards in die Praxis umzusetzen versuchen.

Die Naturheilkunde der hl. Hildegard stößt auf ein besonders breites Interesse, wie ja Heilung und Gesundheit beim modernen Menschen generell einen hohen Stellenwert haben. Noch nie war das medizinisch-soziale Netz so gut ausgebaut wie heute; Schulmedizin und Pharmazie haben in der Erforschung, Diagnose und Therapie von Krankheiten einen sehr hohen Wissensstand erreicht. Wir verdanken ihnen die Bekämpfung früher verheerender Seuchen und die Entwicklung von hochwirksamen Medikamenten.

Und doch finden wir heute ein Unbehagen gegenüber der modernen Medizin, die in einer mechanistischen Weise lediglich das äußere Krankheitssymptom behandelt, die den persönlichen Kontakt zwischen Arzt und Patient immer häufiger durch Apparate ersetzt und mit den hochwirksamen pharmazeutischen Medikamenten auch unerwünschte Nebenwirkungen erzeugt.

So nimmt einerseits die Sympathie für natürliche Heilmittel zu, und viele Menschen vertrauen sich den verschiedensten Naturheilverfahren an, die z. T. in fernöst-

Einleitung

lichen Weisheitslehren beheimatet sind. Andererseits werden die alternativen bzw. ergänzenden Heilverfahren oft belächelt und als unwissenschaftlich abgetan. Aber auch die Wissenschaft beschäftigt sich mit der Heilkraft der Pflanzen, die im Labor untersucht und teilweise bestätigt wird. Auch unter Ärzten finden sich immer mehr Sympathisanten.

Mit Hildegard von Bingen liegen wir mitten im Spannungsfeld der verschiedensten Richtungen. Ich wage aber zu behaupten, daß die sog. "Hildegard-Welle" schon längst zum Erliegen gekommen wäre, wenn nicht eine große Anzahl von Menschen so gute Erfahrungen machen würden.

Ich muß jedoch hier ganz klar darauf hinweisen, daß die Heilkunde der hl. Hildegard nicht einfach als ein Naturheilverfahren neben anderen eingereiht werden kann.

Es geht bei ihr um die Heilung des ganzen Menschen. Diese "ganzheitliche Heilung" ist heute schon beinahe ein Schlagwort geworden. In der Regel wird damit jedoch entweder eine Behandlung mit Naturheilmitteln, wie z. B. in der Homöopathie, oder eine psychosomatische Betrachtungsweise (R. Dahlke) verstanden.

Bei Hildegard von Bingen jedoch ist wirklich der ganze Mensch gemeint in all seinen Lebensbezügen: in seiner Verbundenheit mit der Natur, in seiner leib-seelischen Beschaffenheit und in seiner Abhängigkeit von Gott, dem Ursprung des Lebens. Wir haben bei Hildegard von Bingen eine eindeutig christliche Heils- und Heilungslehre, die sich in ihrem Welt- und Menschenbild deutlich sowohl von den traditionellen Heilweisen anderer Kulturkreise als auch von der rein naturwissenschaftlich orientierten Schulmedizin abhebt.

Im Verlauf der letzten Jahrhunderte haben die sog. exakten Naturwissenschaften zunehmend unsere Gesellschaft und unsere Lebensweise beeinflußt. Die materielle Welt wurde hoch entwickelt und spezialisiert. Wir sind Zeugen wunderbarer Werke

EINLEITUNG

des menschlichen Geistes. Gleichzeitig wird uns aber immer schmerzlicher bewußt, daß das Leben in seinen verschiedensten Erscheinungsformen und damit der Mensch selbst stark bedroht ist. Das wird besonders im ökologischen und medizinischen Bereich ganz deutlich sichtbar. Trotz wissenschaftlich fundierter Ernährungslehren, verbreiteter Gesundheitsvorsorge und eines ständig steigenden Verbrauchs hochwirksamer Medikamente geht es den Menschen nicht gut, nehmen die funktionalen Störungen, die Allergien und die Zivilisationskrankheiten immer mehr zu.

Wir sind an einem Punkt angekommen, an dem das System selbst hinterfragt werden muß: Welches Bild vom Menschen steht hinter all den medizinischen Versuchen? Wird der Mensch lediglich als die Summe seiner Einzelteile betrachtet, wobei diese Einzelteile beliebig austauschbar und als solche gesondert zu behandeln sind, ohne auf das Gesamtgefüge eines lebenden Organismus zu achten?

Der Ruf nach Ganzheitlichkeit, die Forderung, daß die ganze Person in das Heilungsgeschehen einbezogen werden muß, wird immer lauter. Die große Schwierigkeit besteht darin, daß die Wesensmitte dieser Person mit den heute geläufigen Methoden und ihrer materialistischen Ausgangsposition nicht erfaßt werden kann. Diese Wesensmitte, die Trägerin des Lebens, bezeichnen wir in der Regel als Seele. Doch dieser Begriff ist heute mehr als umstritten, nachdem im vergangenen Jahrhundert Prof. Virchow festgestellt hat: "Ich habe schon so viele Leichen seziert und noch keine Seele gefunden."

Auch die Psychologie als Tochter der modernen Naturwissenschaft kann mit ihren Methoden nur die seelischen Äußerungen wie Intelligenz, Gefühle, Antriebe, Verhalten u. ä. beschreiben und testen. Das Wesen der Seele bleibt auch ihr verschlossen. Wie der bekannte Physiker Prof. Max Thürkauf feststellte, kann die exakte Naturwissenschaft nur das an der Natur feststellen, was wieg- und meßbar ist. Und das ist der kleinste Teil der Natur.

In dieser einseitig materialistischen Betrachtungsweise spüren die Menschen einen starken spirituellen Mangel, der wesentliche Bereiche des menschlichen Lebens betrifft.

Hier ist die Sichtweise Hildegards von Bingen aktuell. Für Hildegard von Bingen ist Heilung nicht nur das Verschwinden eines Krankheitssymptoms, sondern das Heil-Werden des ganzen Menschen, die Wiederherstellung des Menschen, so wie ihn Gott gedacht hat: von Gott und auf ihn hin erschaffen, aus den Weltelementen geformt und von der Natur abhängig, mit dem Hauch des Geistes belebt, mit Verstand und freiem Willen begabt. So reich ausgestattet, kann er sich im gesunden Leben tätig entfalten. Infolge seines gefallenen, zerrissenen und geschwächten

Zustandes (destitutio) ist er aber zugleich auch auf die Hilfe und Erlösung durch Gott angewiesen.

Der Mensch als Person ist es, der gesund oder krank ist. Er muß deshalb auch als Person, als lebendige Einheit von Leib und Seele, wahrgenommen und ernstgenommen werden.

Hildegard von Bingen hatte als christliche Mystikerin ein geschlossenes Weltbild, sie schaute die großen Zusammenhänge, die uns ob unserer ständig zunehmenden Differenzierung und Aufsplitterung verloren gegangen sind.

Das macht wohl die große Anziehungskraft dieser Frau aus dem frühen Mittelalter für den heutigen Menschen aus. Ihre Botschaft beinhaltet tiefe Wahrheiten, die jenseits der jeweils herrschenden Gesellschaftsstruktur und geistigen Strömungen liegen.

Sie war Seherin, Prophetin, Mystikerin. Alle anderen Attribute wie: erste deutsche Ärztin, Naturheilkundige, Theologin, Politikerin, Dichterin, Musikerin können nur auf diesem Hintergrund richtig eingeordnet werden.

In Hildegards visionärem Habitus, der in seiner Einzigartigkeit auch heute noch den Forschern ein Rätsel ist, eröffnete sich für sie der Zugang zu den Geheimnissen des Lebens. Sie bezeichnet sich selbst als die "Posaune Gottes", die das verkündet, was sie in Bild und Symbol schaut. Sie sieht das "innere Wesen" aller Kreatur, der unbelebten wie der belebten, sie sieht es in Steinen, Pflanzen, Tieren und auch im Menschen. Sie alle stammen aus dem einen Urquell des Lebens, aus Gott. Hierin liegt vielleicht die Faszination für den modernen Menschen, der über der sich immer breiter ausfächernden Spezialisierung aller Lebensbereiche seine Orientierung, seine Mitte und schließlich sich selbst verliert.

Sie hat kein anthropologisches oder theologisches Lehrgebäude entworfen; sie sieht immer den konkreten Menschen mit Fleisch und Blut, mit seiner herrlichen Begabung und mit seinen Nöten. Wir werden hier auf eine Sichtweise aufmerksam gemacht, die wohl eine besondere weibliche Stärke ist: Die Frau ist dem Leben besonders nahe, da sie es ist, die Leben weitergibt. Der Mensch, die Person steht im Mittelpunkt ihrer Interessen. Ihr ist das Leben anvertraut, in körperlicher oder geistiger Mutterschaft, während der Mann eine spezifische Begabung mitbringt zur Ausgestaltung der dinglichen, sachlichen Welt. "Es kommt die Stunde, und sie ist schon da", so heißt es in der Botschaft an die Frauen bei der Schlußfeier des II. Vatikanischen Konzils, "in der sich die Berufung der Frau in der Fülle vollendet, die Stunde, in der die Frau in der Gesellschaft einen Einfluß, eine Entfaltung, eine Macht erwirbt, die sie bis jetzt noch nicht erreicht hat. Darum können die vom Geist des

Evangeliums erfüllten Frauen in diesem Augenblick, da sich die Menschheit einer so tiefgreifenden Umwandlung bewußt wird, viel dazu beitragen, daß die Menschheit ihr Ziel erreicht." In diesem Kontext sehe ich auch den Einfluß, den Hildegard von Bingen heute zu erlangen beginnt.

Hildegard wurde nicht müde, auch den Männern diese "mütterliche Zärtlichkeit" ans Herz zu legen: "Du bist da zum Segnen der Kinder und nicht zur Züchtigung des dienenden Knechtes", mahnt sie den Herzog Matthäus von Lothringen. "Pflege das Leben, wo du es triffst!" ruft sie einem Mann zu.

Auch in der Gegenwart brauchen wir Hildegard wieder als Mahnerin. Wir alle wissen, daß Leben heute auf vielfache Weise in Gefahr ist. Rückbesinnung auf Mütterlichkeit, auf Menschlichkeit tut not, damit Leben – menschenwürdiges, gottgewolltes Leben – wieder möglich wird.

Hildegard diente dem Leben, dem Menschen. Sie wurde Ratgeberin für viele, die in großer Zahl zu ihr strömten, heilte von geistigen und körperlichen Gebrechen und rüttelte die Gewissen wach. Den mächtigen Männern ihrer Zeit war sie oft eine unbequeme Mahnerin und stellte ihnen ihre Verantwortung gegenüber Gott und den Menschen vor Augen.

Angesichts des gewaltigen Lebenswerkes von Hildegard können wir uns kaum vorstellen, daß sie eine schwache Konstitution hatte und häufig von Krankheiten geplagt wurde. Sie erfuhr nur allzu oft an sich selbst, wie sehr Leib und Seele eine Einheit bilden: wie geistige und seelische Schwierigkeiten den Körper krank machen können und wie umgekehrt ein schwacher Körper die Seele hemmt. Woher aber nahm diese Frau dennoch die Kraft zu ihrem großen Werk? Sie lebte in der lebendigen Gegenwart Gottes, den sie als Licht, als feurige Liebe erfuhr, als das ursprüngliche Leben, aus dem alle "grüne Lebenskraft" entspringt, die den Menschen bis ins Alter immer wieder neu schafft.

Ich möchte in diesem Buch einen Gedanken der hl. Hildegard aufgreifen:

Sie sagt: "Krankheit ist Fehlen von Lebenskraft." Dieser Lebenskraft möchte ich nachspüren, die verschiedenen Ebenen beleuchten, aus denen uns Lebenskraft und damit Gesundheit und Heilung zukommt. Es ist einerseits die rein biologische, natürliche Ebene, dann das leib-seelische Zusammenwirken im Menschen und der Urgrund aller Lebenskraft, nämlich Gott selbst. Ich lade Sie ein, mich auf dieser nicht alltäglichen Erkundungsfahrt zu begleiten.

Wie würde Gott als der Ewige bekannt,
wenn kein Glanz von ihm ausginge?
Denn es gibt kein Geschöpf,
das nicht irgendeinen Strahl hätte,
sei es das Grün oder der Samen,
die Blüten oder die Schönheit,
sonst wäre es kein Geschöpf.
WS 5,84

Ich will leben

Die "grüne Lebenskraft" als Geschenk

Gesundheit, Glück, ein langes Leben – das wünschen wir uns und unseren Lieben an besonderen Festtagen. Die Sorge um ein gutes, erfülltes Leben treibt uns an, tätig zu werden. Die Angst, unser Leben zu verlieren, ist die tiefste und größte Angst.

Das Leben ist ein Geheimnis, ein Rätsel, das die Menschen zu allen Zeiten beschäftigt und fasziniert hat, ein nicht zu ergründendes Geheimnis, vor dem wir nur staunend und ehrfürchtig stehen können – sei es in einer Blüte, einem Tier oder – am eindringlichsten – in einem neugeborenen Kind. Der Mensch ist sich selbst das größte Rätsel, da er sich als lebendig vorfindet, ohne den Ursprung seines Lebens zu kennen. Leben ist ein kraftvoller dynamischer Prozeß, der sich von Generation zu Generation fortsetzt, ein Prozeß, in den der einzelne Mensch dank seiner Zeugungskraft, seiner Geschlechtskraft, eingebunden ist. Diese Lebenskraft aber ist ihm geschenkt, nicht von ihm selbst gemacht. Aus eigener Kraft kann der Mensch kein Leben schaffen, er kann nur dem Leben dienen, Lebendiges pflegen, seine Wirkungsweise erforschen; oder aber er kann Leben mißbrauchen oder zerstören. Alle Versuche der Wissenschaft, eine lebendige Zelle zu erzeugen, sind bisher fehlgeschlagen. Der Mensch kann zwar durch seine geistigen, schöpferischen Kräfte, durch seine Kunstfertigkeit, viele wunderbare Dinge schaffen. Aber alle Werke des Menschen sind leblos. Wesentliche Merkmale des Lebendigen sind Veränderung, Entfaltung, Bewegung, Wärme, Austausch mit der Umwelt, Atmung.

Bei Hildegard von Bingen finden wir das Bild vom "Grün" als Ausdruck der Lebenskraft. Einleuchtendes Beispiel für uns ist das Grün der Gräser, Zweige und Blätter als Zeichen für Leben. Ein dürres Blatt ist tot. Tatsächlich haben biologische Forschungen nachgewiesen, daß das Blattgrün (Chlorophyll) im Prozeß der sogenannten Photosynthese mit Hilfe der Sonnenstrahlung diejenige Lebensenergie freisetzt, die als Nahrung und Atemluft erst Leben möglich macht. Doch woher nimmt das Grün die Fähigkeit, Aktivator für Lebensenergie zu sein? Diese Frage kann wissenschaftlich nicht geklärt werden. Hildegard von Bingen sieht auch, wie der Mensch am Anfang mit aller grünen Lebenskraft ausgestattet wird, er ist gesund und voll lebensfrischer Naturkraft. Durch seinen Abfall von Gott jedoch fällt er in die "Dürre" und damit in Krankheit und Tod. Fortan ist seine Lebenskraft gebrochen. In Hildegards Vision klagt Gott Vater dem Sohn: "Im Ursprung grünte alle Kreatur, in der Mittezeit blühten die Blüten, dann aber sinkt alle Kraft des Grüns herab." Der ganze Kosmos ist zusammen mit dem Menschen in die Dürre, in Degeneration, geraten. So erleben wir das Leben als gefährdet, wir sind keinen Augenblick sicher, ob es uns nicht genommen wird. Angesichts von Krankheit, Behinderung, Alter und Tod überfällt uns meist ein Gefühl der Ohnmacht und Ratlosigkeit; in kaum einer anderen Situation wird uns so deutlich bewußt, daß eine Macht über uns steht, über die wir nicht verfügen können. Diese uns übersteigende Macht, die für uns normalerweise nicht erfahrbar und faßbar ist, nennen wir "Gott". Nur wenigen Menschen ist es gestattet, einen Blick hinter den Schleier dieses Geheimnisses zu werfen. Hildegard von Bingen war als Mystikerin diese Gabe verliehen.

Den Ursprung der Lebenskraft sieht sie in Gott selbst, der in seiner geistigen Kraft alles ins Dasein rief. Lassen wir nun die große Mystikerin selbst zu Wort kommen. In ihrer visionären Schau hört sie Gott sprechen:

> "Ich, die höchste und feurige Kraft, habe jedweden Funken von Leben entzündet und nichts Tödliches sprühe ich aus.... Mit Weisheit habe ich das All recht geordnet. Ich, das feurige Leben göttlicher Wesenheit, zünde hin über die Schönheit der Fluren, ich leuchte in den Gewässern und brenne in Sonne, Mond und Sternen. Mit jedem Lufthauch, wie mit unsichtbarem Leben, das alles erhält, erwecke ich alles zum Leben. Die Luft lebt im Grünen und Blühen. Die Wasser fließen, als ob sie lebten.... Und so ruhe ich in aller Wirklichkeit verborgen als feurige Kraft.
>
> Alles brennt durch mich, wie der Atem den Menschen unablässig bewegt, gleich der windbewegten Flamme im Feuer. Dies alles lebt in seiner Wesenheit und kein Tod ist darin. Denn ich bin das Leben. Ich bin auch die Vernunft, die den Hauch des tönenden Wortes in sich trägt, durch das die ganze Schöpfung gemacht ist. Allem hauchte ich Leben ein, so daß nichts davon in seiner Art sterblich ist. Denn ich bin das Leben.
>
> Ich bin das ganz heile Leben (vita integra): nicht aus Steinen geschlagen, nicht aus Zweigen erblüht, nicht wurzelnd in eines Mannes Zeugungskraft. Vielmehr hat alles Leben seine Wurzel in mir. Die Vernunft ist die Wurzel, das tönende Wort erblühet aus ihr ... Und so diene ich helfend. Denn alles Leben erglüht aus mir. Das ewig sich gleichbleibende Leben bin ich, ohne Ursprung und ohne Ende."

(WM 25/26)

Spüren wir, wie bei dieser Betrachtungsweise eine Saite unserer Seele zum Klingen kommt, unser Blick sich weitet und unser Atem freier wird? Hier wird ausgedrückt, daß unser Leben eingebettet ist in einen großen, göttlichen Lebensstrom, der nicht mit unserem diesseitigen menschlichen Leben endet. Hier liegt die Lebensquelle, die nicht mehr weiter hinterfragt werden kann, die aus sich selbst lebt und ihrem Wesen nach für uns unzugänglich ist. Wir selbst dagegen sind geschaffenes, begrenztes Leben. Die geistige Wirklichkeit, die hinter allem Sicht baren liegt, können wir nur durch den Sprung des Glaubens wahrnehmen.

Wenn wir diese Texte der heiligen Hildegard lesen, empfinden wir sie vielleicht als erhebend und schön, und dennoch muten sie uns als moderne Menschen des ausgehenden 20. Jahrhunderts fremd und ungewohnt an. Wir sind es gewohnt, unser Leben aus einer materialistischen, rein diesseitigen und naturwissenschaftlichen Sicht zu betrachten. Die geistig-religiöse Dimension gilt gemeinhin als unwissenschaftlich. Die Frage nach dem Ursprung und Sinn unseres Lebens kann jedoch nicht von der Wissenschaft beantwortet werden. Sie hat desungeachtet aber weitgehend die religiöse Fragestellung verdrängt und sich selbst im Bewußtsein vieler Menschen an die Stelle der Religion gesetzt.

Welche Folgen hat das für unser Leben? Wir haben die Möglichkeit, uns als Bewohner eines unbedeutenden Planeten, als "Zigeuner am Rande des Universums" zu erleben, die in einem kleinen Sonnensystem durch das Weltall rasen. Das bedeutet Unsicherheit, Angst, das Gefühl von "Geworfensein" und Sinnlosigkeit. Depressionen, Medikamenten- und Alkoholabhängigkeiten bei nicht wenigen Menschen sind Anzeichen dieses gestörten Lebensgefühls und schwindender Lebenskraft. Ein Psychotherapeut unserer Tage, Karlfried Graf Dürckheim, hat die Sinnfrage in sein Konzept der "Initiatischen Therapie" aufgenommen. Die vielen Existenzängste und das Nicht-Heil-Sein des Menschen haben nach seiner Meinung ihren Grund in der "religiösen Bodenlosigkeit des heutigen Menschen.... Er leidet nicht an seinen Symptomen, sondern letztlich an der Trennung von seiner ureigentlichen Heimat ... freilich, ohne sich dessen bewußt zu sein." Nur von der Rückbindung (religio) an ein "Größeres" kann menschliches Leben einen Sinn erhalten.

Ein geistig-religiöses Mangelerlebnis mag die starke Welle der Esoterik und des New Age angekurbelt haben, die auch bei Hildegard viele brauchbare Ansätze findet. Scharf widersprochen werden muß jedoch allen Versuchen, Hildegard von Bingen aus dem christlichen Glauben und aus der Kirche herauszulösen: Hildegard weiß zwar um die starken göttlichen Kräfte, die im Kosmos und im Menschen wirksam sind und um die große Begabung des Menschen, sie weiß aber auch um seine Hinfälligkeit und Erlösungsbedürftigkeit; sie weiß es nicht aus sich selbst, wie sie sagt, sondern in der Schau, einer visionären Begabung, die sie schon in früher Kind-

heit an sich entdeckte. Sie erlebte nie eine Ekstase, sondern hörte die himmlische Stimme mit dem inneren Ohr und schaute gewaltige Bilder mit ihrem inneren Auge.

In einer großartigen Vision sah sie die zentrale Stellung des Menschen im Kosmos und seine ganzheitliche Existenz.

Der Mensch steht im Mittelpunkt des ganzen Kosmos, "denn er ist bedeutender als alle übrigen Geschöpfe, die abhängig von jener Weltstruktur bleiben."

> "Überaus teuer ist der Mensch dem Allerhöchsten, der ihn nach Seinem eigenen Bild und Gleichnis erschaffen hat". (WM III/2)

Ich möchte hier einen kurzen Auszug dieser Vision betrachten, die sie in ihrem 'liber divinorum operum' beschrieben hat:

> "...und ich schaute im Geheimnisse Gottes ein wunderschönes Bild. Es hatte die Gestalt eines Menschen. Sein Antlitz war von solcher Schönheit und Klarheit, daß ich leichter in die Sonne hätte blicken können, als in dieses Gesicht. Ein weiter Reif aus Gold umgab ringsum sein Haupt.
>
> ...Die Gestalt sprach also: Ich, die höchste und feurige Kraft, habe jedweden Funken von Leben entzündet und nichts Tödliches sprühe ich aus... mit Weisheit habe ich das All recht geordnet... Mit jedem Lufthauch, wie mit unsichtbarem Leben, das alles erhält, erwecke ich alles zum Leben...
>
> Gott, der alles geschaffen, bildete den Menschen nach Seinem Bilde und Seiner Ähnlichkeit und zeichnete in ihm sowohl die höheren als auch die niederen Geschöpfe...
>
> Was Du als wunderschöne Gestalt erblickst, gleich wie ein Mensch gebildet, sinnbildet die Liebe des himmlischen Vaters... weil der Sohn Gottes, als Er sich mit dem Fleische bekleidete, den verlorenen Menschen im Dienst der Liebe erlöste. Daher ist das Angesicht von solcher Schönheit und Klarheit, daß du leichter in die Sonne als in dieses Antlitz schauen könntest..." (WM S. 25/27)

> "Alsdann erschien mitten in der Brust der erwähnten Gestalt ein Rad von wunderbaren Ausmaßen... Inmitten dieses Riesenrades erschien die Gestalt eines Menschen... Denn die Gestalt der Welt existiert unvergänglich im Wissen der wahren Liebe, die Gott ist: unaufhörlich kreisend, wunderbar für die menschliche Natur...

> Das soll besagen: Mitten im Weltenbau steht der Mensch, denn er ist bedeutender als alle übrigen Geschöpfe, die abhängig von jener Weltstruktur bleiben. An Statur ist er zwar klein, an Kraft seiner Seele jedoch gewaltig. Sein Haupt nach aufwärts gerichtet, die Füße auf festem Grund, vermag er sowohl die oberen als auch die unteren Dinge in Bewegung zu versetzen. Was er mit seinem Werk in rechter oder linker Hand bewirkt, das durchdringt das All, weil er in der Kraft seines inneren Menschen die Möglichkeit hat, solches ins Werk zu setzen.
>
> ...Abermals hörte ich eine Stimme vom Himmel, die also zu mir sprach: Gott hat zum Ruhme seines Namens die Welt aus ihren Elementen zusammengesetzt. Er hat sie mit den Winden verstärkt, mit den Sternen verbunden und erleuchtet und mit den übrigen Geschöpfen erfüllt... Auf dieser Welt hat er den Menschen mit allem umgeben und gestärkt und hat ihn mit gar großer Kraft rundum durchströmt, damit ihm die Schöpfung in allem beistünde... So hat der gläubige Mensch sein Dasein im Wissen aus Gott... denn wie der Mensch mit den leiblichen Augen allenthalben die Geschöpfe sieht, so schaut er im Glauben überall den Herrn...
>
> Wer seinem Gott vertraut, wird auch den Bestand der Welt ehren: den Lauf von Sonne und Mond, Wind und Luft, Erde und Wasser, alles, was Gott um der Ehre des Menschen willen und zu seinem Schutz geschaffen hat. Einen anderen Halt hat der Mensch nicht."
>
> (WM S. 34 ff)

Ich erfahre in dieser Vision, wie sonst kaum an anderer Stelle, sowohl die großartige Bestimmung des Menschen als auch seine Gefährdung und Erlösungsbedürftigkeit. Kernpunkt der hildegardischen Mystik ist die Erlösung des gefallenen, geschwächten, kranken Menschen durch die Menschwerdung des Wortes Gottes in Jesus Christus. Dieses Mysterium durchzieht ihr ganzes Werk, und es ist nicht möglich, es herauszulösen, ohne das Werk Hildegards zu verfälschen.

Wenn wir uns in diese Schau einlassen, wirklich mit dem Herzen einlassen und sie nicht nur als Diskussionspunkt betrachten, erfahren wir, daß die tiefste Ursache und letzte Triebfeder unseres Lebens die Liebe ist.

Hildegard ringt um Worte, um diese Liebe zu beschreiben: "Nur der Glaube erfaßt in tiefster Ehrfurcht das alles Begreifen übersteigende Übermaß dieser Liebe ... Die überwältigende Güte der Gottheit, die ohne Ursprung und Ende ist, eilt den Gläubigen zu Hilfe." (WM 27)

Hier liegt der Gegenpol zum Gefühl der Verlassenheit und Sinnlosigkeit: Im Glauben zu wissen, daß ich Kind des göttlichen Vaters bin. Dieses Verhältnis entspricht auch unserer innersten Lebenserfahrung: Ich kann nur dann leben, gut leben und gern leben, wenn ich mich geliebt weiß, mich angenommen und verstanden fühle, wenn mein Leben für einen anderen wertvoll ist. Alle anderen Güter, die wir mit viel Mühe und Kraft erstreben, wie Besitz, Ehre, Ansehen, Macht, Geltung erweisen sich letztlich als unwesentliches Beiwerk unseres Lebens.

Der aus der Erde geschaffene Mensch, der "Lehmklumpen", ruht im Herzen Gottes, wie es Hildegard schauen darf: "Gott will dich. Doch du verschließest deine Augen vor ihm."

Es ist ein gänzlich anderes Lebensgefühl, ob ich aus Zufall oder gar aus Versehen entstanden bin, eine Laune der Natur, oder ob ich gewollt und geliebt bin von Ewigkeit her, gebildet als "Spiegel der Gottheit", für den der ganze Kosmos geschaffen wurde. "Noch bevor Gott das Weltall schuf, hatte er den Menschen im Blick, da er wußte, daß sein Wort Mensch werden sollte."

So öffnet Hildegard von Bingen in ihrer inneren Schau auch mir den Blick dafür, daß ich mein Leben aus Liebe empfangen habe.

Meditation für die tägliche stille Zeit

❏ Gehören Sie zu jenen Menschen, die im Streß stehen?

❏ Spüren Sie, daß Ihre Kraft nicht mehr ausreicht, um all das zu bewältigen, was auf Sie einstürmt?

❏ Sind es die vielen äußeren Dinge, die Sie – freiwillig oder unfreiwillig – in Atem halten?

❏ Greifen Sie schon gelegentlich oder häufiger zu Medikamenten und zu Alkohol? Halten Sie das Alleinsein ohne Musik oder Fernsehen nicht mehr aus?

Dann wird es Zeit, daß Sie einen anderen Weg einschlagen.

❏ Schalten Sie ganz bewußt alle äußeren Reize aus: Keine Musik, kein Fernsehen, Telefonklingel leise stellen.

❏ Suchen Sie eine Zeit aus, in der Sie ohne schlechtes Gewissen untätig sein dürfen. Sie sind für niemanden zu sprechen. Auch von Familienangehörigen kann man erwarten, daß sie den anderen für eine gewisse Zeit in Ruhe lassen. Oder aber: Sie suchen einen Ort auf, an dem sie ungestört sein können.

❏ Wenn es auch für Sie ungewohnt ist, halten Sie die ersten Minuten der Stille durch. Das ist oft schwer, weil Sie dann erst merken, wie unruhig Sie eigentlich sind, wie sich die Gedanken jagen und wie Sie ständig "auf dem Sprung" sind.

❏ Setzen Sie sich entspannt hin, die Füße nebeneinander auf den Boden gestellt, atmen Sie ruhig und tief durch und schließen Sie die Augen. Nehmen Sie sich zumindest 20 Minuten Zeit.

❏ Machen Sie es sich zur Gewohnheit, jeden Tag diese stille Zeit in den Tagesablauf einzuplanen.

Beachten Sie dabei die Meditationen am Ende jedes Kapitels. So können Sie die Texte meditieren: Sie lesen die erste Zeile dreimal und schließen die Augen. Wiederholen Sie in Gedanken den Satz mehrere Male. So verfahren Sie mit allen folgenden Sätzen.

Meditation :

Gottes lebendige Gegenwart

Ich spüre, daß ich lebendig bin.
Ich schließe die Augen und höre in mich hinein.
Der Atem bewegt mich, das Blut erwärmt mich,
ich fühle die Lebenskraft in mir pulsieren.
Ich bin dankbar, daß ich leben darf.

Ich versetze mich in die Gegenwart Gottes,
der in seiner Liebe der Ursprung meines Lebens ist.
Ich bete zu ihm mit den Worten der Heiligen Hildegard:

Du bist die wärmende feurige Liebe, Du lebendiger Geist,
Du bist das Leben in allem Lebendigen.
Du heilst alle Wunden in Deiner Heiligkeit.

Du durchdringst alles Geschaffene,
das, was oben ist, was auf Erden lebt
und in unergründlichen Tiefen haust.
In Dir fügt sich alles zusammen.

Durch Dich spenden Wolken erquickenden Regen,
fliegen die Wolken dahin,
durch dich dringt aus Steinen köstliches Naß,
sprudeln die Quellen
und keimt aus feuchter Erde das frische Grün.

Du erfüllst die Menschen, die sich Dir öffnen,
mit Einsicht und Weisheit
und tiefinnerer Freude. Und deshalb loben wir Dich,
Du klangvolles Lob,
Du beglückendes Leben,
Du tröstende Hoffnung,
Du starke Kraft.
Du erhellst unsere Dunkelheiten
und zeigst uns den Weg des Lichtes.

Ich bin ein Teil der Natur

Lebenskraft aus der Natur

> "Die gesamte Schöpfung, die Gott in der Höhe wie in den Tiefen gestaltet hat, lenkte er zum Nutzen des Menschen. Und wie die Geschöpfe dem Menschen für seine leiblichen Bedürfnisse zu dienen haben, so sind sie auch nicht weniger zum Heil seiner Seele bestimmt." (WM 65)

Diese Stelle der heiligen Hildegard zeigt ganz deutlich ihren ganzheitlichen Ansatz: Die Natur dient dem Menschen zur Erhaltung seiner leiblichen Existenz und zugleich zum Heil für seine Seele. Und dies alles ist kein Zufall, sondern vom Schöpfer so gewollt. Demnach ist nichts in der Natur als Selbstzweck geschaffen: alles ist um des Menschen willen da. Und dieser wiederum soll mit seiner vernünftigen Stimme und seinem Handeln Gott in seinen Werken preisen. Nur der Mensch ist aufgrund seiner Geistbegabung und als Gottes Ebenbild in der Lage, das Wunderwerk der Natur zu erkennen, den Schöpfer zu loben und seinem Plan gemäß zu handeln.

> "Die ganze Natur sollte dem Menschen zur Verfügung stehen, auf daß er mit ihr wirke, weil ja der Mensch ohne sie weder leben noch bestehen kann." (WM 37)

Mit unserem Leib sind wir als Teil der Erde aus den gleichen Elementen gebildet wie der Kosmos und die uns umgebende Natur, die uns die biologische Lebenskraft spendet, nämlich aus Feuer, Wasser, Luft und Erde. Hildegard von Bingen sieht folgende Zusammenhänge:

Feuer ist im Gehirn, im Knochenmark und im roten Blut.

Wasser findet sich in der Gewebeflüssigkeit und im Blut.

Erde ist im Gewebe und im Knochensystem des Menschen: "Das Fleisch besteht ja aus der Erde und hat eine kalte Feuchtigkeit, das Blut indes macht warm; würde es nicht davon erwärmt, so würde das Fleisch in seinen früheren lehmigen Zustand zurückfallen."

Luft ist im Atem und in der Vernunft: "Der Atem ist der lebendige Hauch der Seele, weil sie ihn trägt und sein Schwingvermögen ist und zwar jedesmal, wenn der Mensch den Atem in sich einziehen und wieder ausströmen läßt, um so leben zu können."

Diese Verbundenheit mit der Natur begründet auch ihre Heilwirkung auf den Menschen. Wie sehr der Mensch auf die Lebenskraft aus der Natur angewiesen ist, beschreibt Hildegard in ihrer Naturheilkunde.

Es sind von ihr zwei Werke erhalten, nämlich die "Physica" (Naturkunde) und "Causae et curae" (Von den Ursachen und der Behandlung von Krankheiten). Hieraus wurde die sogenannte "Hildegard-Medizin" entwickelt, die in den letzten Jahren viele Freunde und Bewunderer fand.

Es muß jedoch hier kritisch vermerkt werden, daß wir die Originalschriften bis heute nicht gefunden haben, und nur Abschriften aus dem 13. Jahrhundert vorliegen. Ich denke, daß einige Hildegard-Medizin-Bücher neu gefaßt werden müssen, da die Autoren allzu unkritisch mit dem vorhanden Material umgegangen sind. Vor allem fragwürdige magische Stellen sollten von vornherein gestrichen werden. Andererseits sind viele Rezepturen und Anweisungen Hildegards sehr gut erprobt und sollten eine weite Verbreitung finden.

Darüber hinaus ist unter Hildegard-Forschern und -Autoren die Frage nach den Quellen der heilkundlichen Kenntnisse Hildegards umstritten. Während die einen annehmen, daß Hildegard lediglich das zeitgenössische medizinische Wissen der Klöster besaß und auch Zugang zu medizinischen Schriften hatte, bestehen andere auf der rein visionären Entstehung ihrer medizinischen Bücher.

Wenn sich auch die Experten über die Quellen der heilkundlichen Kenntnisse Hildegards streiten, bezeugt sie selbst an verschiedenen Stellen ihres Werkes, daß diese ohne ihre mystische Begabung nicht richtig eingeordnet werden können:

> "Sind doch in der ganzen Natur, in den Tieren, den Reptilien, Vögeln und Fischen, in den Pflanzen und Fruchtbäumen bestimmte verborgene Geheimnisse Gottes verhüllt, die kein Mensch, auch kein anderes Geschöpf, kennen oder empfinden kann, es sei denn, daß es ihm von Gott besonders geschenkt wird." (WM 175)

Hildegard spricht hier die bekannte Tatsache aus, daß wir normalerweise die inneren Kräfte der Geschöpfe nur durch Versuch und Irrtum kennenlernen können.

Daß sie selbst die Gabe erhielt, die verborgenen Geheimnisse zu kennen, schreibt sie an anderer Stelle:

> "Der lebendige Bronnen ist der Heilige Geist; ihn hat Gott in all sei-

ICH BIN EIN TEIL DER NATUR

ne Werke aufgeteilt. Aus diesem Quell leben sie ... Die (göttliche) Weisheit betrachtet ihr Werk, ... indem sie etwa durch die genannte ungelehrte Frau (gemeint ist Hildegard selbst) gewisse natürliche Kräfte verschiedener Dinge (virtutes naturales diver sarum rerum) ... und gewisse andere tiefe Geheimnisse offenbar machte, die diese Frau in wahrer Vision erschaute, wobei sie sehr geschwächt wurde."

(WM 265)

Einen weiteren Hinweis finden wir in der Einleitung zu ihrem Buch "Liber vitae meritorum" – "Das Buch der Lebensverdienste": Eine wahre Schau habe ihr folgende Schriften zu erklären gegeben: "Das innere Wesen der verschiedenen Naturen der Geschöpfe."

Nach eingehender Beschäftigung und Prüfung der hildegardischen Heilkunde bin ich persönlich zu der Überzeugung gekommen, daß Hildegard von Bingen den Wissensstand einer medizinisch gebildeten Klosterfrau ihrer Zeit, d. h. Kenntnis sowohl der zeitgenössischen medizinischen Literatur als auch der Volksmedizin ihrer Tage, hatte. **Doch aufgrund ihrer visionären Begabung konnte sie das innere Wesen der Geschöpfe erkennen und deren verborgenen Kräfte erschauen. Aus alledem schuf sie eine eigenständige und einmalige Natur- und Heilkunde.**

Wenn auch viel Kritik, oft mit Spott und Häme vermischt, an der Hildegard-Heilkunde geübt wird, hat diese angesichts der Krise der modernen Schulmedizin einen wichtigen Stellenwert. Wie leicht zu verstehen ist, **bedingt die ganz andere Quelle dieser Heilkunde auch andere Ergebnisse**.

Viele Erkenntnisse der heiligen Hildegard stimmen mit den uns bekannten überein; viele andere sind uns fremd, in Vergessenheit geraten oder widersprechen sogar unseren Lebensgewohnheiten. Es gibt aber immer mehr Menschen, die die Erfahrung machen, daß sie an Leib und Seele gesunden, daß ihr Leben in Ausrichtung an der heiligen Hildegard wieder ins rechte Maß kommt.

Wer sich mit Hildegard auseinandersetzt, muß sich umstellen in seiner Denkweise und in seiner Lebensführung. Wir sind es z. B. von der modernen Schulmedizin und der Ernährungslehre her gewohnt, die Heilmittel und die Lebensmittel nach ihren Bestandteilen und Wirkstoffen zu analysieren und dementsprechend einzusetzen: Lebensmittel werden eingeteilt in Kohlehydrate, Fette, Mineralstoffe, Vitamine, Spurenelemente usw. Die Ernährung wird dann im ausgewogenen Verhältnis aller Bestandteile zusammengestellt, damit der Organismus von allen Nährstoffen eine optimale Dosis erhält. Dabei ist es ziemlich gleichgültig, ob Sie zur Deckung des Vitamin-C-Bedarfs Äpfel oder Birnen oder Aprikosen verwenden. Ganz anders bei der heiligen Hildegard.

Sie weiß um das "innere Wesen" und die verborgenen Kräfte in allem Geschaffenen. Bei ihr ist der Apfel nicht dasselbe wie die Birne: Ein roher Apfel schadet einem gesunden Menschen nicht, einem Kranken eher; wer aber rohe Birnen zu reichlich ißt, kann Migräne bekommen und macht die Brust "dämpfig". In ähnlicher Weise werden viele Lebens- und Heilmittel beschrieben. Dieses Wissen ist dem Menschen normalerweise nicht zugänglich, wie es Hildegard von Bingen in dem bereits zitierten Text bemerkt.

Das Wesen der Dinge – wie es bei Hildegard erkannt wird – kann und will durch die Methoden der Naturwissenschaften nicht erfaßt werden. Im exakten Laborversuch können die einzelnen Wirkstoffe erforscht werden. Hieraus ergibt sich dann die Begründung für die Wirksamkeit eines Medikamentes. Hildegard hat nie auf diese Weise geforscht; zu ihrer Zeit war eine derartige Forschung überhaupt noch nicht möglich. Die einzige Prüfungsmöglichkeit für die Heilkraft z.B. einer Pflanze war die praktische Anwendung, wie sie in der damaligen Klostermedizin üblich war. Doch da Hildegard von Bingen in die Dinge hinein und durch sie hindurch schauen konnte, ging ihr Wissen weit darüber hinaus. Ihre Heilkunde kann deshalb auch nicht einfach unter die vielen anderen Naturheilverfahren eingereiht werden. Aus demselben Grund kann auch die Frage nach dem "Warum" einer Heilwirkung nicht beantwortet werden. Wir können sie nur durch die praktische Anwendung erproben. Es wird auch oft gefragt: "Muß man daran glauben?" Eine gewisse positive Gestimmtheit und Erwartungshaltung stellen sicher eine günstige Vorbedingung für die Heilwirkung dar. Doch das verhält sich bei chemischen Arzneimitteln genauso!

Der wesentliche Unterschied zu allen anderen Naturheilverfahren, aber auch zur Schulmedizin, besteht in der Ganzheitlichkeit der Hildegard'schen Heilkunde: Die Heilkräfte der Natur wirken nicht nur auf den Leib und seine Organe, sondern auch auf die Seele und den Geist. Es gibt kaum ein Rezept der heiligen Hildegard, in dem nicht der ganze Mensch in seinen Lebensäußerungen berücksichtigt wird. Über die Säfte des Organismus werden auch unsere Gefühle und unsere Gedanken beeinflußt. Den Begriff "Säfte" verwenden wir heute nicht mehr; wir sagen dazu im modernen Sprachgebrauch u.a. Hormone, Enzyme, Sekrete.

Heilmittel, aber auch ganz normale Lebensmittel wirken auf die Säfte ein. Wer von uns weiß schon, daß es für unseren Gemütszustand nicht gleichgültig ist, aus welchem Getreide unser Brot ist, mit welchem Gewürz wir unsere Speisen würzen? Wenn Hildegard eine Pflanze, einen Baum, ein Tier, einen Edelstein und die darin wirkenden Kräfte beschreibt, geht es nie nur um körperliches Befinden oder um Heilung von Krankheitssymptomen, sondern immer um die Heilung des ganzen Menschen. Ich möchte hier einige Beispiele anfügen:

Dinkel nimmt einen hohen Stellenwert ein. "Dinkel ist das beste Getreide, fett und kräftig, angenehmer als alle anderen, bildet rechtes Fleisch und Blut und macht den Menschen heiter und froh. Er ist bekömmlich in jeglicher Zubereitung. Er heilt den Menschen innerlich wie eine gute, heilkräftige Salbe." Dinkel ist aus der Hildegard-Heilkunde nicht wegzudenken.

Hafer ist eine vorzügliche und gesunde Speise, bereitet frohen Sinn, einen reinen, klaren Verstand, macht eine gute Farbe und gesundes Fleisch. Den Schwachen ist er zu empfehlen, nicht aber den Kranken (Kranken also statt Haferschleim eine Dinkelsuppe geben).

Weizen ist eine volle Frucht – allerdings nur als Vollkorn – und ist zuträglich für Gesunde und Kranke. Aber Weißmehl schafft viel Schleim im Menschen, ebenso wie die Kleie, die außerdem fast unverdaulich ist.

Roggen-Brot ist kräftig und Gesunden zuträglich; bei fetten Menschen bewirkt es Abmagerung, aber es kräftigt sie. Allerdings ist es Menschen mit schwachem Magen nicht zu empfehlen.

Edelkastanie ist sowohl in ihrer Frucht als auch in Holz, Rinde und Blättern ein vielseitiges und bewährtes Heilmittel. Die Früchte werden empfohlen bei Kopf-, Herz-, Leber-, Milz- und Magenschmerzen.

Es gibt einige Nahrungsmittel, die von Hildegard als schädlich bezeichnet werden: u. a. Erdbeeren, Zwetschgen, Lauch, Linsen, Schweinefleisch.

Gewürze sind bei Hildegard von Bingen vor allem Heilmittel und machen die Speisen leichter verdaulich: Gewürze erschrecken die Speisen. Hingegen sollen die Speisen nicht mit zu vielen und verschiedenerlei Gewürzen schmackhaft gemacht werden, da das Vielerlei die Säfte zum Sturm reizt.

Fenchel ist sowohl ein Nahrungsmittel als auch ein Gewürz, das sehr empfohlen wird. Morgens nüchtern einige Fenchelkörner gekaut und gegessen, mindern sie böse Schleimstoffe und Fäulnisherde, vertreiben schlechten Atem und machen die Augen hell blinkend. Fenchel macht den Menschen fröhlich, gibt ihm eine schöne Farbe, einen angenehmen Geruch und gute Verdauung. (1 Teelöffel Fenchelkörner morgens nüchtern essen.)

Galgant ist ein vielseitig wirkendes Heilmittel gegen Herzbeschwerden, Kreislaufschwäche, Magenbeschwerden, Blähungen. Bei Fieber soll Galgant-Pulver in etwas lauwarmem Wasser aufgelöst getrunken werden (1/2 Teelöffel auf ein Glas Wasser, morgens und abends).

Muskatnuß: Ihr Genuß öffnet das Herz des Menschen, reinigt seine fünf Sinne und liefert ihm ein klares Denken. (Vorsicht, nicht zu viel!)

Zimt: Sein häufiger Genuß mindert die schlechten und fördert die guten Säfte.

Gewürznelke: Sie erweist sich wohltätig gegen Wassersucht, Eingeweidekrankheiten und Kopfleiden (bei Kopfschmerzen einige ganze Nelken kauen).

Bertram: Dem Gesunden ist der Genuß von Nutzen, denn er vermindert die Fäulnis in ihm, vermehrt aber das gesunde Blut und stärkt den Verstand. Er läßt nichts unverdaut hinaus. Auch Schwache und ganz Hinfällige führt er wieder zu Kräften.

Kubebenpfeffer: Er hilft gegen starke Erregbarkeit, macht den Geist fröhlich, seinen Verstand und sein Wesen rein und erhellend klar.

"Alle Lebenskraft, die Gott in die Natur gelegt hat, soll uns helfen, gut zu leben und frohen Herzens wirken zu können. Gesund ist der Mensch, der viel grüne Lebenskraft in sich hat. Krankheit ist deshalb ein Zustand des Mangels, des Fehlens von Lebenskraft. Krankheit ist dort, wo Leben nicht mehr stattfinden kann. Der Mensch fällt in die Dürre. Die Sorge und die Verantwortung für seine Gesundheit ist dem Menschen selbst aufgegeben. Gott bietet uns Heil- und Hilfsmittel als Geschenke an, deren wir uns bedienen können und sollen. Wir sollen das auffüllen, was uns fehlt. Der Volksmund drückt dies sehr treffend mit der Frage aus: "Was fehlt dir?" Gesundheit ist deshalb nicht einfach ein Zustand der Bedürfnislosigkeit und des Wohlbefindens, sondern ein ständiger Prozeß in einem labilen Gleichgewicht. Heinrich Schipperges sagt: "Das gesunde Leben ist der tätige Vollzug einer allem Leben einwohnenden Kraft ... eine permanente Zeugung aus der tiefen Quelle des Lebens ..."

Hildegard weiß um die vielerlei "Widerwärtigkeiten", die einen Menschen bedrohen. Sie weiß, wie angefochten und schwach der Mensch ist – sie weiß aber auch, mit wieviel Liebe der Schöpfer die Natur geschaffen hat, damit sie ihm "in allem beistünde". Aus diesem Wissen entsteht eine dankbare Ehrfurcht und Freude, aus der das Lob Gottes erwächst wegen all der wunderbaren Werke. Alle Natur offenbart uns die Größe des Schöpfers. Hildegard sagt:

> "Wie würde Gott als der Ewige bekannt, wenn kein Glanz von ihm ausginge? Denn es gibt kein Geschöpf, das nicht irgend einen Strahl hätte, sei es das Grün oder der Samen, die Blüten oder die

> Schönheit ... In der Morgenfrühe steht auch das Grün in seiner größten Kraft ... Dann trinken die Gräser dieses Grün so gierig in sich hinein, wie ein Lamm seine Milch saugt: Die Hitze des ganzen Tages wird kaum ausreichen, die Grünkraft des Tages durchzukochen und fruchtbar zu machen."

Zur ganzheitlichen Heilung gehört deshalb nicht nur ein Benutzen der natürlichen Heilkräfte sondern auch ein rücksichtsvoller und liebender Umgang mit der Natur, denn alle Naturzerstörung ist auch Menschenzerstörung. Wohl kaum eine Zeit mußte dies deutlicher erfahren als die unsere, in der die natürliche Lebensgrundlage immer mehr zerstört wird.

Es findet sich bei Hildegard eine Warnung und eine Klage, die offensichtlich prophetisch in unsere Zeit gesagt ist: "Die ganze Natur sollte dem Menschen zur Verfügung stehen, auf daß er mit ihr wirke, weil ja der Mensch ohne sie weder leben noch bestehen kann ... aber mißbraucht der Mensch seine Stellung zu bösen Handlungen, so veranlaßt Gottes Gericht die Geschöpfe, ihn zu bestrafen." Wir sollen die Kräfte der Natur, die zu unserem Wohle und zu unserem Nutzen geschaffen sind, im Sinne des Schöpfers nützen; wir dürfen sie aber nicht egoistisch ausbeuten. Hildegard hört die Elemente klagen:

> "Wir können nicht mehr laufen und unsere Bahn nach unseres Meisters Bestimmung vollenden. Denn die Menschen kehren uns mit ihren schlechten Taten wie in einer Mühle von unterst zu oberst. Wir stinken schon wie die Pest und vergehen vor Hunger nach der vollen Gerechtigkeit ..."

Gott antwortet:

> " ... Ich werde die Menschen so lange heimsuchen, bis sie sich wieder zu mir wenden ... doch nun speit die Luft Schmutz aus, so daß die Menschen nicht einmal mehr recht ihren Mund aufzumachen wagen. Auch welkte die grünende Lebenskraft durch den gottlosen Irrwahn der verblendeten Menschenseelen. Nur ihrer eigenen Lust folgen sie und lärmen: Wo ist denn ihr Gott, den wir niemals zu sehen bekommen? Ihnen antworte Ich: Seht ihr mich denn nicht Tag und Nacht ... wenn ihr sät und die Saat aufgeht, von meinem Regen benetzt? ... Jegliches Geschöpf strebt hin zu seinem Schöpfer ... nur der Mensch ist ein Rebell ..." (MV 133)

Viel Krankheit kommt daher, daß der Mensch nicht mehr mit der Natur, sondern gegen sie lebt. Die materialistische Welt- und Natursicht hat die Natur entseelt und

ICH BIN EIN TEIL DER NATUR

sie in die freie Verfügbarkeit des Menschen gegeben. Der Mensch in seinem Handeln fühlt sich niemandem gegenüber verantwortlich. Auch das persönliche Leben des modernen Menschen hat sich weit von der Natur entfernt. Unsere technisch-zivilisierte Welt löst sich immer mehr von den natürlichen Abläufen des Lebens, z. B. entsteht allein durch die Elektrizität die Möglichkeit naturfremder Schlaf- und Wachzeiten, die Unordnung in den Organismus bringen. Als Konsequenz geht es nicht um ein primitives "Zurück zur Natur", sondern um ein Sich-Besinnen auf unser Angewiesen sein und unsere Verbundenheit mit Gottes Schöpfung, deren Teil wir sind. In unserem "Machbarkeitswahn" vergessen wir, daß wir nur mit den Elementen wirken können, die uns gegeben sind. Wir sind ein Teil der Natur und können uns nicht ungestraft über die gegebenen Gesetzmäßigkeiten hinwegsetzen.

Praktische Lebensregeln

für einen

Tag mit der Natur

nach der hl. Hildegard

TAGESABLAUF

Morgens

Nach dem Aufstehen: Bei offenem Fenster tief durchatmen, Körper durchstrecken und lockern.

Einen Gang vor die Türe, auf den Balkon oder vor das offene Fenster: Ich strecke mich und atme tief ein. Weil ich atme, lebe ich: "Der Atem ist der lebendige Hauch der Seele, weil sie ihn trägt und sein Schwingvermögen ist." Dann mache ich einige Gymnastikübungen, um den Körper auf Schwung zu bringen.

Möglichst vor dem Frühstück: Besinnung und Lobgebet.

Danach halte ich inne und nehme mir Zeit für eine Besinnung, für ein Morgengebet. Der gläubige Jude sagt seinen "Hallel", den Lobpreis Gottes. Das Lobgebet nimmt einen besonderen Platz ein. So bekommt mein Tag eine Ausrichtung, seinen geistigen Halt. In den Psalmen können Sie kostbare Gebete finden. Auch eine Besinnung mit Texten der Heiligen Schrift ist Nahrung für die Seele. Für Hildegard von Bingen war die Heilige Schrift das tägliche geistige Brot. Sie finden am Ende dieses Kapitels ein schönes Lobgebet Hildegards: "Daher ist die ganze Schöpfung Lobpreis Gottes."

Gesundheitstips:

Nach dieser Einstimmung kann ich etwas für meine Gesundheit tun.

Für die Zähne:

Falls ich am Abend die Zähne gründlich geputzt habe, kann ich morgens, gleich nach dem Aufstehen, den Hildegard-Rat befolgen. "Wer gesunde und kräftige Zähne haben will, soll frühmorgens, wenn er sich aus dem Bett erhebt, reines und kaltes Wasser in den Mund nehmen und es eine geraume Zeit (bis es warm ist) in seinem Munde halten, damit der 'livor' (der Belag), der sich um seine Zähne angesammelt hat, aufgeweicht werde." Dieser Hinweis ist vielfach erprobt und hat sich sogar bei Zahnfleischbluten als hilfreich erwiesen. Er ist auch Eltern und Kindern zur Beachtung empfohlen.

Für die Augen:

Eine Augendusche mit kaltem Wasser machen oder kurz einen nassen, kalten Waschlappen auf die Augen legen. Die Augen werden frisch und klar, und die morgendliche Sehschwäche ist behoben.

Grün für die Augen:

Wenn Ihre Augen sehr angestrengt sind, wenn sie nach einer Krankheit oder durch hohes Alter – schwach geworden sind, können Sie ihnen und sich selbst auch auf folgende Weise Gutes tun: Gehen oder fahren Sie hinaus, bis Sie an eine grüne Wiese kommen, dort setzen Sie sich nieder, entspannen sich und atmen tief durch. Dann schauen Sie die grüne Wiese an, nur auf die grüne Wiese schauen, sonst nichts, bis die Augen wie vom Weinen naß werden. "Das Grün dieser Wiese nämlich beseitigt das Trübe in den Augen und macht sie wieder sauber und klar." Wasser tut es ebenso: Stehen Sie auch gerne auf Brücken und schauen in das Wasser? Es ist ein wohltätiges, lebendiges und belebendes Element, das unsere Trockenheit und Ausgedörrtheit "befeuchtet". Wer schwache Augen hat, der "kann auch an einen Fluß gehen oder frisches Wasser in ein Gefäß schütten und darüber gebeugt die Feuchtigkeit mit den Augen auffangen; diese Feuchtigkeit regt dann das austrocknende Wasser in den Augen wieder an und macht sie klar."

Für die Verdauung:

Nüchtern jeden Morgen einen Teelöffel Fenchelkörner mit vielen guten Wirkstoffen kauen:

Immer noch nüchtern wird jeden dritten Morgen von Mai bis Oktober das Wermut-Elixier (auch unter Frühjahrskur bekannt) empfohlen: "Der Wermut ist der wichtigste Meister gegen alle Erschöpfung."

Rezept:

Die frischen Blätter des Wermut entsaften (mit Entsafter, oder Blätter klein schneiden und durch ein Tuch drücken), 1 l guten Weißwein und 120 g Honig zum Kochen bringen, 40 ml (2 Schnapsgläschen voll) Wermutsaft hineingeben, rühren, bis das Elixier etwas abgekühlt ist, in Flaschen füllen und kühl stellen. Dieser Trank beseitigt Melancholie, klärt die Augen, stärkt das Herz und die Lunge, wärmt den Magen, reinigt die Eingeweide und die Nieren und bringt gute Verdauung, wenn er von Mai bis Oktober an jedem dritten Tag nüchtern genommen wird.

Frühstück:

Was das Frühstück betrifft, finden wir bei Hildegard u. a. Hinweise, die anders lauten als heute gängige Anschauungen:

Wer mit der Verdauung Beschwerden hat, sonst aber gesund und kräftig ist, soll auf ein Frühstück verzichten und erst später am Vormittag etwas essen. Der Organismus, vor allem der Magen, ist besser durchblutet und durchwärmt. Kinder, Alte, Schwache und Kranke sollten aber nicht zu lange mit dem Essen warten.

> "Wer frühstücken will, soll zuerst ein warmes Essen zu sich nehmen, damit sein Magen warm wird, und kein kaltes Essen ... Alle Obstsorten und das, was Saft und Feuchtigkeit besitzt, wie zum Beispiel Kräuter, soll er bei seinem ersten Essen meiden, weil sie ihm eine schleimige Flüssigkeit bringen und seinen Flüssigkeitsstand stören würden. Dies kann er später essen, wenn er bereits etwas gegessen hat, und dann ist es für ihn eher gesund als schädlich".

Als Speise kommt Brot aus Dinkel, Vollkornweizen oder Hafer infrage oder ein gekochtes Mus aus diesen Getreidearten, dazu Marmelade. Fencheltee oder Dinkelkaffee.

Das weitverbreitete Rohkostmüsli darf also nicht das erste Frühstück sein, so wie Hildegard generell gegenüber der Rohkost einige Vorbehalte hat. Da die Speisen im Magen "durchgekocht" werden müssen, sind alle rohen Speisen schwerer verdaulich. Sie sollen nicht zu häufig gegessen und entweder als Salat angemacht oder unter Beigabe von trockenem Brot verzehrt werden.

Die Mahlzeiten:

"Die Speisen sollen nur zu den festgesetzten Mahlzeiten eingenommen werden." Zwischen den Mahlzeiten soll man nicht kleine Happen zu sich nehmen. Die Mahlzeiten sollen aber so angesetzt werden, daß der Magen nie ganz leer wird.

Während des Essens soll man mäßig trinken.

> "Auch soll der Mensch während des Essens mäßig trinken ..., sonst würde er schwerfällig in seiner seelischen und leiblichen Organisation werden und würde dabei auch zu keiner geregelten Verdauung kommen. Wenn er aber beim Essen übermäßig trinkt, schafft er sich eine nachteilige, stürmische Überschwemmung."

Nicht Vielerlei auf einmal essen. Nicht zu heiß, nicht zu scharf gewürzt. Keine Schlemmerei, aber auch kein unvernünftiges Fasten. Die Nahrung soll zur Freude dienen.

Nach dem Essen: Ein Mittagsschlaf fördert Gesundheit und Wohlbefinden, man soll sich aber nicht sofort nach dem Essen hinlegen, vielmehr noch eine Weile damit warten: "Wenn man sich dann für eine gewisse Zeit hinlegt, dann können Blut und Fleisch im Menschen gedeihen und er wird davon gesund."

Abends

Schlafen und Wachen sollen dem Rhythmus der Natur angepaßt sein: nicht bis in die Nacht hinein wachen, nicht bis in den Tag hinein schlafen. Richtige Ausgewogenheit zwischen Schlafen und Wachen hält den Menschen gesund.

Im Schlafen und Wachen soll sich der Mensch an das großartige Modell der Natur anpassen, die mit dem Tag und der Nacht die Zeiten für Tätigsein und Ruhe vorgibt, "... damit nicht durch zuviel Wachen und zuviel Schlafen der Mensch in seinem Gehirn wie auch im übrigen Organismus geschwächt wird. Denn der Mensch wird durch die Regelwidrigkeit im Schlafen und Wachen von einer Schwäche der Sinne wie auch der übrigen Leiblichkeit befallen."

Rückbesinnung auf den Tag vor dem Schlafengehen:

Wut und Ärger nicht mit in die Nacht nehmen, das bringt Schlaflosigkeit und schwere Träume. Den Tag in Gottes Hände zurücklegen und ihn um Verzeihung bitten. Diese Verzeihung auch denen gewähren, die mich verletzt haben.

Wenn ich hier auch nicht auf die vielen einzelnen Rezepte und Ernährungshinweise eingehen kann, sondern auf die reichlich vorhandene Fachliteratur verweisen muß, möchte ich doch zum Abschluß dieses Kapitels noch darauf hinweisen, daß nach Hildegard die Heilkräfte der Natur nicht beliebig verwendet werden dürfen. Sie gibt für jede Anwendung genaue Anweisungen, die auch gewissenhaft befolgt werden müssen, wenn wir die Kräfte der Natur nützen wollen.

Hildegard schreibt:

> "Die verschiedenartigen und oft recht edlen Kräuter und Pulver und Gewürze ... werden einem gesunden Menschen nicht nutzen, wenn sie ohne feste Anordnung genommen werden, viel eher bringen sie ihm Schaden, ... weil sie ja nicht jene Säfte vorfinden, an denen sie ihre spezifischen Kräfte ausüben können ... sie vermindern nur die schlechten Säfte, denen sie entgegenwirken, fördern aber nicht die Kräfte des Organismus."

Meditation: Lob Gottes

"Und das Feuer hat die Flamme – und ist Lob für Gott."

Die Flamme im Feuer – lebendig, heiß und wärmend,
körperlos und doch so mächtig, faszinierendes Schauspiel,
nicht von Menschen ersonnen und geplant.

Als gebändigte Kraft dienst du mir –
Als milde leuchtende Kerze vertreibst du mein Dunkel.
Ergreifendes Lob des Schöpfers.

"Und der Wind bewegt die Flamme – und ist Lob für Gott"

Unsichtbarer Hauch, nahezu unmerkbar
und doch alles ausfüllend,

erhältst du die Flamme leuchtend am Leben.
Als Windstoß und Sturm fährst du in die Glut,
entflammst zu hellem Lichtschein
schwarzes und kaltes Holz.
Windhauch und Geisthauch – Beweger und Entflammer.
Bewegtes Lob für Gott.

"Und in der Stimme ist das Wort – und sie ist Lob für Gott."

Stimme, in der das Wort lebt,
gesprochenes Wort, getragen von der Stimme;
gesungenes Wort, erfüllt von Klang,
verbindet sich mit den Tönen aller Geschöpfe.
Alle Welt ist erfüllt von Klang.
Jedes Geschöpf hat seinen Ton
Aber nur der Mensch hat eine Stimme,
um sich auszusprechen, um andere anzusprechen.
Lob sei Gott für die Stimme.

"Und das Wort wird gehört – und ist Lob für Gott."

Ein Wort zu hören ist Balsam in der Einsamkeit.
Ein gutes Wort im Leid
heilt tiefe Wunden, bringt neuen Mut.
Durch Sein Wort schuf Gott
Allgewaltig das ganze Weltall.
Gewaltig ist des Menschen Wort
wirkmächtig und schöpferisch.
In dir wird gehört der Lobpreis Gottes.

"Daher ist die ganze Schöpfung Lobpreis Gottes."

Ich fühle mich wohl in meiner Haut
Die Seele als grünende Lebenskraft im Leibe

Gesund sein und sich wohl fühlen – das hängt wesentlich davon ab, ob Leib und Seele sich in harmonischer Übereinstimmung befinden.

Wir sprechen so leichthin von "Seele", obwohl dieser Begriff alles andere als klar definiert ist. Selbst die Psychologie – die Lehre von der Seele – mußte sich in unseren Tagen sagen lassen, daß sie eine "Lehre ohne Seele" sei. In der Tat wird "Seele" definiert von seelischen Äußerungen her, wie Antrieben, Gefühlen, Reaktionen, Intelligenzfunktionen, unbewußten Äußerungen, Verhaltensmustern u.v.m. Was die Seele ihrem Wesen nach ist, kann auch diese Wissenschaft nicht erklären. Es wurde der Ausdruck "black box" für die inneren Geheimnisse des Menschen gewählt – in Anlehnung an den Flugschreiber eines Flugzeuges, in dem alle wesentlichen Vorgänge verzeichnet sind. Doch die black box des Flugzeugs kann bei einem Unfall geöffnet, gelesen werden, im Gegensatz zur menschlichen Seele, deren innere Vorgänge bisher – und wahrscheinlich für immer – unerforschlich sind. Ein kompliziertes Zusammenspiel verschiedenster Faktoren reguliert das menschliche Verhalten: Ich sehe z. B. ein Stück Kuchen vor mir liegen; das ist ein Reiz, der mit den Augen aufgenommen und zum Gehirn geleitet wird. Nun beginnen die verschiedensten Vorgänge im Körperbereich ("Mir läuft das Wasser im Mund zusammen!") und im Gefühls- und Gedankenbereich abzulaufen: Ich bin froh gestimmt beim schönen Anblick und freue mich auf den Gaumengenuß. Mein Verstand gibt mir (hoffentlich!) das Signal, daß es erlaubt und mir zuträglich ist, dieses Stück Kuchen zu essen. Jetzt erst kommt die Muskelreaktion der Arme und Hände, und ich greife nach dem Kuchen. Auch hier können wir nur das äußere Geschehen untersuchen, testen und bewerten, nicht aber die inneren Vorgänge. Hildegard von Bingen drückt das so aus:

"Sowohl des Menschen Körper als auch seine Taten können erblickt werden. Viel mehr aber liegt inwendig in ihm, was keiner sieht und keiner kennt."

Es gibt also ein Äußeres und ein Inneres im Menschen; das Äußere ist der Körper, seine Funktionen und der Mensch in seinem Verhalten, das Innere sind die geistigen Lebens- und Antriebskräfte. Wie Hildegard von Bingen die Kräfte in der Natur erkennen durfte, so konnte sie auch die Vorgänge im Inneren des Menschen erschauen.

Ich fühle mich wohl in meiner Haut

Nach Hildegard durchdringt die Seele mit ihrer Grünkraft (Lebenskraft) die weichen Gewebe des Körpers ebenso wie die starken Knochen und die Gefäße. Die Seele wirkt im Leib und durch den Leib. "Auf solche Weise hat die vernünftige Seele eine gewisse Grünheit (Lebenskraft) in ihrem Vermögen, mit welcher sie die Weichheit der Gewebe und die Derbheit der Knochen und alle Gefäße durchdringt...wie Brot auf dem Herdfeuer gebacken wird, genau so werden die Leistungen des Körpers im brennenden Eifer der Seele vervollkommnet."

Die hl. Hildegard benutzt das Bild vom Brot, das gebacken wird, um zu beschreiben, wie die feurige Kraft und der brennende Eifer der Seele die Tätigkeit des Körpers vollkommen macht: "Die Seele verteilt auch den Saft der Speisen auf rechte Weise im ganzen Organismus und scheidet das Überflüssige aus; so reinigt sich auch der Wein von der Hefe. So hält die Seele ihren Leib voller Liebe, wie es auch zwischen Mann und Frau sein soll, die das Band der Liebe unzertrennlich zusammenhält."

Diese Seele ist eine eingegebene Intelligenz, die den ganzen Organismus gestaltet. Jede Zelle reagiert "vernünftig", weil dieser "vernunfthafte Hauch" in ihr lebt. So drückt sich die Seele im Leib aus, und alle seelischen Regungen können am Körper abgelesen werden.

Ein weiterer wichtiger Aspekt der Leib-Seele-Beziehung bei Hildegard ist die – für eine christliche Mystikerin nicht selbstverständliche – positive Haltung zum Leib: "Die Seele liebt ihren Leib und hält ihn für ein schönes Gewand und eine erfreuliche Zier." So ist der Leib das Gewand, das Kleid der Seele. Wir finden hier nichts von der abschätzigen, dualistischen Haltung dem Leib gegenüber, die bis in unsere Zeit bei christlichen Theologen zu finden ist, die häufig den Leib als "Kerker der Seele" bezeichnen. Bei Hildegard sind Seele und Leib aufs engste, in partnerschaftlicher Zuordnung, miteinander verbunden. Keiner kann ohne den anderen sein. Das geht so weit, daß die Seele nach dem leiblichen Tod des Menschen sehnsüchtig darauf wartet, wieder mit ihm im himmlischen Jerusalem vereinigt zu werden.

"Die Seele hat ihre Freude daran, im Körper schöpferisch tätig zu sein..."

Dabei sieht Hildegard hier die Parallele zu Gott, der der geheimnisvoll geistig Wirkende ist und auch nur in seinen Werken, im ganzen Kosmos, erkannt werden kann: So wie der Leib das Gewand der Seele ist, so ist der Kosmos das Gewand Gottes. Es ist eine ständige Herausforderung für uns, diese Geheimnisse zu enträtseln: "Wenn nun solch dunkle Rätsel schon im Menschen walten, wie sollte dann jenes Wesen offen zutage treten, das ihn geschaffen hat! Denn kein Mensch, solange er in dieser Welt weilt, kann wissen, wie dies eigentlich ist ..." Wir stehen vor der Tatsache, daß uns nur die materiellen Ausformungen des Geistigen zugänglich sind. Das macht all unsere Forschungen und Bemühungen um Erkenntnis so schwierig.

Hören wir, welche geistigen Kräfte Hildegard v. B. sieht, aber auch welche Begrenzungen unserem Forschen gesetzt sind.

> Dem lebendigen Geist entspringen drei Kräfte:
>
> 1. <u>Die Kraft des Sehens und Wahrnehmens:</u>
>
>   Wir können die körperliche Erscheinung der lebendigen Geschöpfe – Pflanzen, Tiere, Menschen – sehen und beschreiben.
>
>   Z. B. in der Medizin, in der Biologie usw.

2. <u>Die Kraft des Erkennens und Erforschens:</u>

   Kraft unseres Verstandes ist es uns möglich, die Vorgänge des Lebens und ihre Auswirkungen zu erforschen und zu untersuchen.

   z. B. Physik, Chemie, aber auch Psychologie, Soziologie u.ä.

3. <u>Die unsichtbare Kraft des geistigen Wesensgrundes:</u>

   Es ist jene Kraft, die wir weder sehen noch erforschen können, der Ursprung der Lebenskraft, die unserem Zugriff entzogen ist.

   Es ist der Bereich des Glaubens, der Religion, dem wir uns nur staunend und ehrfürchtig nahen dürfen.

So ist die Seele als "Geisthauch aus Gott" ihrem Wesen nach von uns selbst nicht zu erfassen. "Die Seele ist die grünende Kraft im Leibe; sie wirkt mittels des Leibes und der Leib mittels der Seele. Das ist der ganze Bestand des Menschen."

Alle Lebensprozesse werden von der Seele als Lebenskraft in Gang gebracht; sie ist das "Schwingvermögen des Atems", der Hauch des Lebens, sie macht uns warm als "lebendiges Feuerwerk" im Leibe, sie gibt uns Beweglichkeit, weil sie eine "lebendige Existenz" ist.

Unsere Seele ist himmlischen, geistigen Ursprungs und durchdringt den Körper voll und ganz. "Der Körper aber ist ein geschaffenes Werk. Die Seele ist die Grünkraft des Fleisches, weil der Leib des Menschen durch sie wächst und gedeiht, wie auch die Seele durch die Feuchtigkeit des Leibes fruchtbar wird ...". Der Leib und die Seele sind existentiell aufeinander angewiesen.

Mit solchen Bildern wie Grünkraft (viriditas), lebendiges Feuerwerk, lebendige Existenz, Schwingvermögen des Atems beschreibt die hl. Hildegard die Wirkkraft der Seele. Diese hinwiederum braucht den Leib, um überhaupt etwas zu bewirken.

Auch die heutige Medizin und Psychologie nähern sich wieder diesen Erkenntnissen der heiligen Hildegard, indem sie die Zusammenhänge zwischen Leib und Seele immer mehr beachten: Die sogenannte psychosomatische Medizin gewinnt an Boden, und in der Psychotherapie werden die nur seelischen Heilungsmethoden durch körpernahe Übungen ergänzt. Die gegenseitige Beeinflussung von Seele und Körper ist heute unbestritten. Allerdings gibt es über die Art und Weise dieser Zusammenhänge und erst recht über die möglichen Therapieformen zwischen den verschiedenen wissenschaftlichen Richtungen große Diskrepanzen. Auf der anderen Seite mehren sich auch im seelsorgerlich-religiösen Bereich die sogenannten ganzheitlichen Methoden, sei es mit Meditationen, körperlich zum Ausdruck gebrachten Gebetshaltungen, religiösem Tanz oder ganzheitlich ausgerichteter religiöser Erziehung.

Der Körper reagiert sehr fein auf unsere seelische, geistige Verfassung, ebenso wie umgekehrt unser Gemüts- und Geisteszustand von "geordneten Säften" in unserem Organismus abhängig ist. Unsere Gedanken, unsere Gefühle und unsere ganze Einstellung drücken sich im Körper aus, und oft macht die Seele über das Körpersymptom bildhaft deutlich, was uns fehlt oder uns bedrückt. Wir sollten lernen, diese Sprache zu verstehen... Die Behebung der körperlichen Krankheitssymptome lediglich durch Medikamente bringt keine dauernde Heilung. Eine Änderung der inneren Einstellung tut not. Doch auch dann müssen wir uns dessen bewußt sein, daß der Notzustand auf dieser Erde nicht dauerhaft behoben werden kann.

❐ Im jahrhundertealten Volkswissen, das heute noch in Redeweisen erhalten ist, werden solche Weisheiten ausgedrückt:

• Versuchen Sie, sich selbst und Ihren Leib zu beobachten. Oftmals gibt der Körper Hinweise auf einen geistig-seelischen Zustand, der uns bedrückt und Probleme bereitet. Denken Sie nach über mögliche Ursachen und stellen Sie sich bewußt Fragen dazu:...

Wir sprechen davon,

❐ daß wir einen Kloß im Hals stecken haben,

   • Kann ich etwas nicht aussprechen?
     Habe ich vor etwas Angst?

❐ uns etwas schwer im Magen liegt,
   wir eine Sache schwer verdauen können.

ICH FÜHLE MICH WOHL IN MEINER HAUT

- Gibt es etwas, was mich kränkt und verletzt?
  Werde ich mit einem Problem nicht fertig?

❏ uns die Galle überläuft,

- Bin ich über etwas /über jemand, sehr wütend?

❏ wir jemanden nicht mehr riechen können,

❏ wir die Nase voll haben,

❏ wir jemandem etwas husten.

- Will ich nichts mehr von dieser Sache oder diesem Menschen wissen?
  Reicht es mir?
- Will ich nicht mehr mit ihm reden?

❏ wir etwas nicht mehr schlucken können,

❏ uns die Luft wegbleibt,

- Kann ich etwas nicht mehr ertragen?
  Wird mir zuviel zugemutet?
  Engt mich etwas stark ein?

❏ uns etwas auf die Nieren geht

- Kann ich Bedrückendes, Leidvolles nicht mehr loswerden, ausscheiden, mich davon reinigen?

❏ oder daß es einfach nicht mehr geht.

- Sehe ich keinen Ausweg mehr aus einer verfahrenen Lebenssituation?

Ich muß mich also damit auseinandersetzen, was mir meine Beschwerden verursacht. Die Seele gibt mir durch den körperlichen Schmerz ein Alarmsignal, auf das ich hören soll. Den Schmerz nur durch Schmerzmittel auszuschalten heißt, vor sich selbst und seiner Lebenssituation davonzulaufen. Krankheit kann einen Signalcharakter haben, um mich durch eine Zwangspause zur Besinnung zu bringen. In der Krankheit bin ich als ganzer Mensch in Frage gestellt, meine Lebensführung muß in all ihren natürlichen, menschlichen und religiösen Bereichen mit in den Heilungsvorgang einbezogen werden. Allerdings muß sich jede Bemühung um Heilung dessen bewußt sein, daß der Notzustand des Menschen auf dieser Erde nicht dauerhaft behoben werden kann. Er ist in ständiger Gefahr, der Unordnung der Gefühle, Antriebe und Gedanken zu verfallen und damit krank zu werden.

Trotz einiger vielversprechender Ansätze sind wir heute noch weit davon entfernt, diese Sichtweise in unsere Lebenspraxis umzusetzen. Es ist üblich, nur die Körpersymptome beim gesunden oder kranken Menschen zu betrachten. Das ist aber lediglich ein Teilaspekt des Menschen. In der Medizin können wir durch isolierte Behandlung der einzelnen Krankheitszeichen oft ein Verschwinden der Krankheit bewirken, ohne das Heil-Werden des ganzen Menschen im Blick zu haben.

Hildegard hat sehr klare Einsichten darüber, welche Gedanken und Gefühle uns negativ beeinflussen, wie sie die verschiedenen Körperorgane krank machen und welche Haltungen zur Gesundung notwendig sind.

> "Wenn die Seele etwas spürt, was für sie und ihren Leib ungünstig ist, zieht sie das Herz, die Leber und die Gefäße zusammen. So bildet sich in der Herzgegend gleichsam ein Nebel und hüllt das Herz in Dunkel, und so wird der Mensch traurig. Aber nach der Traurigkeit bricht der Zorn aus. Denn wenn der Mensch ... (darüber nach-) gedacht hat, woher er seine Traurigkeit hat, dann bildet manchmal der Nebel der Traurigkeit, der sein Herz befallen hat, einen warmen Qualm in allen Säften ... und versetzt die Galle in Erregung. So entsteht aus der Bitterkeit der Galle stillschweigend der Zorn. Wenn der Mensch den Zorn nicht ausbrechen läßt, sondern ihn stillschweigend erträgt, beruhigt sich die Galle wieder ... Wenn sich der Nebel und dieser Qualm zum Gehirn des Menschen hinziehen, machen sie ihn beide zuerst im Kopf krank, dann steigen sie in seinen Bauch hinab, erschüttern seine Blutgefäße und Eingeweide und stürzen den Menschen sozusagen in Wahnsinn ... Sehr oft wird der Mensch auch durch seinen Zorn schwer krank." (H 182,183)

Das ist eine komprimierte Beschreibung der leib-seelischen Verflochtenheit von Seele und Leib. Wenn wir uns überlegen, was für uns ungünstig oder widerwärtig ist, können wir an alle Schwierigkeiten im Leben denken, angefangen von einem Wetterumschwung bis hin zu widrigen Lebensumständen, Verletzungen und Verluste und vieles andere mehr. Sie machen den Menschen traurig. Die betroffenen Organe sind das Herz, die Leber und die Gefäße. "... aus der Traurigkeit aber erhebt sich der Zorn". In der modernen Psychologie heißt es: Aus Frustration entsteht Aggression. Frustration kann Versagen, Verletzung, Verlust bedeuten. Dadurch werden wir traurig, nehmen die Traurigkeit zunächst gar nicht wahr. Sehr schnell steigt die Wut hoch, die sich auf den richtet, der uns dieses Leid zugefügt hat. Immer ist jemand daran schuld – wenn nicht ein Mensch, dann eine höhere Macht; letztlich klagen wir Gott selbst dafür an. Diese Wut, dieser Zorn, greift die Galle an. Besonders gefährdet sind nach Hildegard jene Menschen, die ihre Wut nicht herauslassen und im Gesicht bleich werden: "Solche Menschen können aus ihrer zornmütigen Gesinnung heraus körperlich herunterkommen und austrocknen; so kann eine gewisse Traurigkeit aus den Säften, die rings um die Galle lagern, entstehen."

Von Hildegard wird hier eine Wechselwirkung zwischen Körper und Seele beschrieben: Wenn die Galle durch den Zorn erregt wird, entstehen um die Galle herum bestimmte Säfte, die den Menschen wiederum in eine traurige Grundstimmung bringen. Könnte das der Entstehungsweg einer depressiven Verstimmung sein? Diese traurige Grundstimmung "ruft Unwillen, Verhärtung und Trotz im Menschen hervor und drückt die Seele nieder, wenn die Gnade Gottes ihr nicht schnell zu Hilfe eilt und sie befreit. Wenn diesem Zelt (hier: Gemüt) jedoch Widerwärtigkeiten begegnen, wird es oft zu Haß und weiteren todbringenden Leidenschaften (rebus) hingerissen; sie töten die Seele und bereiten große Zerstörung zum Verderben." (SC 74)

Wir haben hier eine dramatische Schilderung, wie die Widerwärtigkeiten des Lebens einen Menschen an Seele und Körper krank machen können. Es sind vor allem die erregten zerstörerischen Gefühle der Wut, des Zornes und des Hasses, die den Menschen lähmen. Hildegard spricht sogar von "morden" und von "todbringenden Leidenschaften". Nicht selten richten sich destruktive Gefühle sogar gegen die eigene Person: Ich habe Wut auf mich selbst! Ich ärgere mich, ich selbst, kein anderer! In solchen Fällen soll man sich selbst verzeihen können, um gesund, um heil zu werden. Eine destruktive Gemütsverfassung macht den Menschen krank und hindert ihn daran, sich so zu entfalten, wie er entsprechend seiner ewigen Bestimmung sein sollte.

Halten wir hier etwas inne für eine kurze Besinnung.

Sind Sie ein Mensch von guter Gesundheit und gleichbleibender ruhiger Gemütslage, dann können Sie diese Besinnung übergehen. Werden Sie aber immer wieder oder sogar häufig von Krankheiten und Beschwernissen geplagt, wäre es vielleicht hilfreich für Sie, hier eine kleine Pause zu machen.

◊ Nehmen Sie sich die Zeit, über Ihre Lebenssituation nachzudenken.
Haben Sie keine Angst davor, etwas über sich zu erfahren, was Ihnen weh tun könnte. Selbst dann, oder gerade dann, wenn Sie weinen müssen, kann es Ihnen weiterhelfen.

◊ Leiden Sie
an Herzkrankheiten, Herzschmerzen,
an Kreislauferkrankungen,
an Bluthochdruck,
an Gefäßkrankheiten,
an Leber- und Galle-Erkrankungen?

◊ Dann hören Sie in sich hinein,
worüber Sie besonders traurig sind,
womit Sie verletzt wurden oder werden,
worüber Sie wütend oder zornig sind,
wann Sie wütend sind oder sein möchten,
aber es nicht zeigen wollen oder dürfen.

Vielleicht spüren Sie bei diesen Gedanken bereits Schmerzen an den entsprechenden Körperstellen oder Beeinträchtigungen im Allgemeinbefinden. Dann sind Sie auf dem richtigen Weg, der Ursache Ihres Leidens auf den Grund zu kommen: <u>Die Erkenntnis über sich selbst und die aufkommenden Gefühle ist der erste Schritt zur Heilung.</u> Weitere Schritte werden wir in den nächsten Kapiteln besprechen. Möglicherweise finden Sie aber auch einen Seelsorger, einen Psychotherapeuten oder einfach auch einen guten Freund, der Ihnen zuhört und weiterhilft.

ICH FÜHLE MICH WOHL IN MEINER HAUT

Hildegard schaute in einer Vision, wie dem Menschen ein wunder schöner, leuchtender Leib zugedacht war, der aber durch den Fall in die Gottesferne mit einer grauen Haut überzogen wurde, und mit ihm der ganze Kosmos. Sie hört eine Seele klagen:

> "Wo bin ich Fremdling? Im Schatten des Todes. Und auf welchem Weg wandere ich? Auf dem Weg des Irrtums. Und welchen Trost besitze ich? Den Trost des Pilgers in der Fremde. Ich sollte ein Zelt haben, das mit fünf Sternen, die heller als Sonne und Sterne leuchten, geziert ist, denn nicht die untergehende Sonne und die verblassenden Sterne sollten darin leuchten, sondern die Herrlichkeit der Engel. Ein Topas sollte ja sein Fundament und lauter Edelsteine seine Mauern bilden, seine Treppen mit Kristall besetzt und sein Boden mit Gold belegt sein. Ich sollte nämlich Gefährtin der Engel sein, weil ich der lebendige Lebenshauch bin, den Gott in den trockenen Lehm entsandte. Deshalb müßte ich Gott kennen und ihn wahrnehmen. Aber ach! ... mein Gewand wurde ganz zerrissen. Und so aus meinem Erbteil vertrieben, wurde ich an einen fremden Ort entführt, der aller Schönheit und Würde entbehrte ... (SC 57/59)

Der Mensch wandte sich "gegen Norden", die Gegend der Gottesferne, in die Eigenmächtigkeit, in den Hochmut, er wollte selbst omnipotent, allmächtig sein. Seitdem ist das Verhältnis Seele – Leib belastet, und es fällt oft schwer, die beiden in Übereinstimmung zu bringen, d. h. nach unserer besseren Einsicht und Überzeugung zu handeln. Die Harmonie zwischen Leib und Seele besteht bei Hildegard von Bingen nicht – wie es heute oft verbreitet wird – im weltabgewandten Genießen, sondern im Vollbringen dessen, was ich aus tiefster Seele als richtig empfinde. Wie wir alle wissen, ist genau dieses, was uns täglich am schwersten fällt.

> "Solange Körper und Seele miteinander zu leben haben, tragen sie einen gewaltigen Konflikt miteinander aus, da die Seele leidet, wo immer das Fleisch an Sünden ergötzt wird." (WM IV/16)

Wenn Hildegard von "Sünde" spricht, so muß es für den modernen Menschen neu übersetzt werden. Bei Paulus heißt es: Alles, was du nicht aus Überzeugung tust, ist Sünde. Überzeugt bin ich, wenn ich mit Einsicht, Wille und Gemüt etwas voll bejaht habe. Oberste Richtschnur dabei ist die Weisung Gottes, die ich "gar innig liebe", nämlich das Gebot der Gottes- und Nächstenliebe, aus dem alle anderen Gebote entspringen. Sünde heißt dann, ein bewußtes Nein zu sagen zu dieser Erkenntnis des Guten. Damit verfehle ich auch die mir von Gott eingegebene Gestalt und die damit gesetzte Aufgabe. "Der Seele haftet eine Erfahrenheit im

Himmlischen wie im Irdischen an ..." So, wie wir in den ganz alltäglichen Dingen wissen, was für uns und für andere gut ist, so wissen wir es in den großen Entscheidungen unseres Lebens. Gegen diese innere Einsicht zu handeln ist Sünde. Jeder Mensch weiß nämlich im Innersten seiner Seele, was gut ist, auch wenn er es nicht tut.

Die Folgen eines Handelns gegen unsere Überzeugung vom Guten sind so bitter für unsere Seele wie Gift. Auch gesundheitlich können sie sehr schädlich sein. Wenn wir aber das als gut Erkannte tun, baut es unseren Organismus auf, genau so, wie wir uns über eine süße Speise freuen. Dabei sieht Hildegard, daß wir nicht rigoros mit uns selbst umgehen sollen, um nicht überdrüssig zu werden. Zwar kann die Seele mit dem Leib Gutes und Heiliges vollbringen und dadurch aufleben, soll aber dem leiblichen Partner entgegenkommen, "indem sie ihm erlaubt, sich in irdischem Tun zu ergötzen, wie ja auch eine Mutter ihr weinendes Kind wieder zum Lachen bringt ... und die Seele duldet dies, damit das Fleisch nicht überlastet werde".

Ein schönes Bild für das liebende Miteinander von Seele und Leib.

Versuchen Sie, auch wenn es manchmal schwer fällt,

⇨ das zu tun, was Sie als richtig erkannt haben,
⇨ nichts zu tun, was nicht aus Überzeugung geschieht,
⇨ auf die Bedürfnisse des Körpers zu hören und

⇨ nicht zu streng mit sich und ihrem Körper zu sein.
Wenn ich es ernsthaft will, gelingt mir vieles.

Ich darf dabei aber meine Kräfte nicht überfordern.

Jeder Gedanke, jedes Gefühl, jeder Impuls, kann nur dadurch Wirklichkeit werden, daß er mit Hilfe unseres Körpers eine sichtbare Gestalt annimmt. Diese Verfassung nennt Hildegard "Geist am Werk"; wir sind ein geschaffenes Werk, das seinerseits wieder schöpferisch tätig sein kann: "Der Mensch kann mit Leib und Seele wunderbare Dinge wirken." Dies kann weder der Engel als reines Geistwesen noch das Tier als Naturwesen.

Nur durch das Einswerden von Geist und Fleisch können wir als Menschen etwas Neues schaffen, etwas gestalten. Die heute viel zitierte "Selbstverwirklichung" wird zum fruchtlosen Egoismus und zur narzißtischen Selbstbespiegelung, wenn sich mein Selbst nicht an einer Aufgabe, an einem Werk, im Dienst an einem Menschen oder an einer Sache verwirklichen kann. Es bedeutet tiefste Erfüllung und größtes Glück, im harmonischen Zusammenwirken der seelischen und körperlichen Kräfte etwas Sinnvolles und Gutes zu bewirken: "Die Seele hat ihre Freude daran, im Körper schöpferisch tätig zu sein."

Wie die moderne Psychologie verwendet auch Hildegard das Bild vom Baum, um das Wirken der Seele im Leib zu veranschaulichen.

In der nun folgenden Meditation wollen wir in uns selbst hineinhören, uns einmal loslösen von äußeren Zwängen, dem lauten Getriebe.

⇨ Wir wollen unserem Gewachsensein nachspüren, wir wollen wahrnehmen, in welcher Weise sich unsere Seele in unserem Leib ausdrückt oder ausdrücken möchte.

⇨ Versuchen Sie, Schwachstellen in Ihrem Organismus aufzuspüren.

⇨ Sie sollten das Auto vielleicht nur dazu benutzen, um hinauszukommen aus dem Lärm, dem Staub, der Hetze. Lassen sie es dann stehen und gehen Sie zu Fuß. Nicht nur fünf Minuten.

⇨ Suchen Sie einen Park auf, eine freie Landschaft, einen Wald. Falls sie nicht allein gehen wollen, dann vereinbaren Sie mit Ihrem Begleiter/Ihrer Begleiterin ein Schweigen. Nur im Schweigen können Sie Erfahrungen machen.

⇨ Öffnen Sie die Augen, die Ohren, die Nase, spüren Sie die Erde unter Ihren Füßen. Bleiben Sie stehen, um einen Baum zu betrachten, von unten anfangend bis in den Himmel hinein.

⇨ Lassen Sie nun die folgenden Gedanken in sich eindringen, nehmen Sie sie in sich auf.

Meditation: Der Baum

"Was der Saft im Baum ist, das ist die Seele im Körper,
und ihre Kräfte entfaltet sie wie der Baum seine Gestalt."

Ich bin wie ein Baum,
ich suche meinen Baum,

gehe langsam durch den Park, durch den Wald
und suche meinen Baum unter vielen Bäumen.
Ich sehe, wie sie verwurzelt sind,
wie sie den Lebenssaft aus der Erde ziehen,
wie sie fest mit der Erde verwachsen sind.

Wie stehe ich auf der Erde?
Sie ist meine gute Mutter Erde,
aus der ich genommen bin,
zu der mein Leib zurückkehrt.
Gute Mutter Erde.

Wo habe ich meine Wurzeln?
Wieviele Nährstoffe bekam ich als Kind
für meine Seele und meinen Leib?

Der Baum richtet sich auf,
strebt nach oben, der Sonne entgegen.
Der Stamm gibt ihm festen Halt,
leitet den Lebenssaft nach oben:
aufgerichtet – aufrecht,
durchströmt von Lebenskraft.

Die Äste ausgebreitet, offen – empfangend,
entfaltet er seine Möglichkeiten.
Von der Luft bewegt, von der Sonne erwärmt,
wächst er in die Höhe und Breite,
lebt in seiner inneren Bestimmung,
wie sie ihm von Gott eingegeben ist.

MEDITATION

Aus scheinbar dürren Ästen entfaltet sich
lebendiges und lebenspendendes Grün,
in Zweigen und Blättern eingefangenes Licht.
Wie entfalte ich meine geistigen Kräfte,
meine Einsicht und meinen Verstand,
lebendig und lebenspendend
eingefangenes geistiges Licht.

Die Blüte, duftig und zart,
ein geheimnisvolles Gewebe,
herausdrängend, um zur Frucht zu werden.

Fruchtbar sein, freigebig austeilend,
ohne zu zählen, reichlich und freudig,
Leben nähren, Leben weitergeben.

Was der Saft im Baum ist,
das ist die Seele im Körper:
der innere Halt und Trägerin des Leibes.
Habe ich meinen Baum gefunden?
Eine Eiche, groß und mächtig,
eine Birke – zart und geschmeidig,
freistehend und ausladend
oder zu dicht gepflanzt und eingeengt?
Auf nährstoffreichem oder kargem Boden,
verkrümmt, gestutzt oder gerade gewachsen?

Ich schaue in seine Krone, in den Himmel ragend.
Ich strecke mich aus nach Gott,
der mir meine Lebenskraft und all meine Fähigkeiten verliehen hat.

Er gibt mir Nahrung, er gibt mir Licht.
Dank sei ihm für die gute Mutter Erde.

Ich habe alles in mir, wodurch ich wirken kann

Lebenskraft durch positive Selbsteinschätzung

Können wir diesen Satz der heiligen Hildegard aufgrund unserer Lebenserfahrung vorbehaltlos bejahen? Kennen wir nicht jene Kraftlosigkeit und Mutlosigkeit, die aus Mißerfolgen herrührt? Wie oft fühlen wir uns minderwertig, unnütz oder unbrauchbar? Und wer von uns hat noch nie gedacht, daß andere reichlicher mit guten Gaben ausgestattet wurden? Der Zweifel an den eigenen Fähigkeiten lähmt unsere Schwungkraft und kann uns sogar krank machen.

Oft sind es Einschärfungen aus der Kindheit, die wir ein Leben lang mit uns herumschleppen und die wir nicht korrigiert haben: "Das kannst du nicht", "Du machst doch alles kaputt", "Du stellst dich so ungeschickt an", "Laß besser die Finger davon", "Das mache ich besser alleine". Wer als Kind solche Mitteilungen bekam, wird es schwer haben, Vertrauen in die eigenen Kräfte aufzubauen. Selbstvertrauen aber ist der Motor, der die Entfaltung der brachliegenden Kräfte ankurbelt. Wie viele Kinder habe ich schon erlebt, die sich selbst als "Esel" oder "Affe" fühlten, sich nichts zutrauten, stark gehemmt oder aggressiv wurden, nichts zuwege brachten und häufig krank waren. Sie waren in ihrer Gesamtentwicklung zurückgeblieben und wirkten kraftlos. Erst wenn ein Mensch ihnen zeigt, daß sie liebenswert sind, wenn er Vertrauen in ihre Fähigkeiten setzt, beginnen sie, sich zu entfalten. Sie werden fähig, ihre Gedanken und Wünsche zu äußern, bisher nicht gekannte Interessen zu entwickeln und mit den anderen Menschen in eine angstfreie Beziehung einzutreten. Kinder, denen bisher eine geistige Behinderung zugeschrieben wurde, suchten begierig nach Aufgaben, die sie dann mit Freude lösten.

Ich habe alles in mir

Jedes Kind, jeder Erwachsene braucht einen Menschen, der ihm diese Liebe entgegenbringt, ihm etwas zutraut, der ihm hilft, die schlummernden Kräfte zu entfalten. Da aber kein Mensch stets optimale Bedingungen vorfindet, ist es notwendig, sich immer wieder vor Augen zu halten, daß wir unseren Lebensgrund in einem Gott haben, der uns als Vater mit mütterlicher Liebe entgegenkommt, wie wir bei Hildegard immer wieder hören: "Gott will dich. Doch du verschließest deine Augen vor ihm. Wenn du willens bist, zu Gott zu eilen, wird er dir helfen ..." und

> "Gott hat ja den Menschen so geschaffen, daß er leuchtende Werke vollbringen kann, die im Himmel aufstrahlen."

Wenn Hildegard vom Himmel spricht, in dem unsere Werke aufstrahlen, so ist damit nicht gemeint, daß wir durch unser irdisches Tun für ein späteres Leben im Himmel Verdienste sammeln können, sondern sie will damit sagen, daß alles, was wir tun, eine geistige Dimension hat. Wir können mit unserem Tun das Reich Gottes – Friede, Freude, Liebe, Leben – aufbauen oder aber der Zerstörung dienen.

Ein Zeichen von gesundem Leben ist tätige Entfaltung. Sie ist nicht zu verwechseln mit dem modernen Leistungszwang. Das Produzieren möglichst vieler Güter, oft unter Ausbeutung der eigenen Arbeitskraft, unter Aufpeitschung aller vorhandenen Kraftreserven, ist nicht das "Wirken von strahlenden Werken". Es ist auch nicht jene "Werkgerechtigkeit", die Luther angeprangert hat und die glaubt, nur dann vor Gott gerecht zu sein, wenn sie möglichst viele sogenannte gute Werke vorweist.

Auch ist dieses Wirken nicht unbedingt an Gesundheit und an äußere Werke gebunden. In der Krankheit werden wir uns bewußt, daß unsere Kräfte begrenzt sind. Auch Krankheit hat einen tiefen Sinn: wenn wir nicht nach außen wirken können, werden die Kräfte nach innen gelenkt. Wir brauchen Zeit, um über unser Leben nachzudenken und eine neue Orientierung vorzunehmen. In der modernen Leistungsgesellschaft jedoch ist Krankheit nur ein Störfall, der möglichst schnell – auch mit großen Risiken – behoben werden soll. Bereits Kindern wird keine Zeit mehr vergönnt, in der sie krank sein und innerlich wieder Kräfte sammeln dürfen.

Auch in der Krankheit haben wir etwas zu bewirken: eine innere Reifung. Wie oft ist aber gerade eine Krankheit der Anlaß, um an sich selbst und seiner Lebensaufgabe und seinen Fähigkeiten zu zweifeln.

Ich lernte einmal eine Frau kennen, die infolge von Kinderlähmung an den Rollstuhl gefesselt war und im Altersheim leben mußte. Eines Tages fuhr sie mir mit strahlendem Gesicht über den Weg und sagte: " Ich habe hier in diesem Buch etwas gefunden, was ich der Frau X. unbedingt zeigen muß. Das wird ihr weiterhelfen."

Diese körperbehinderte Frau hat sich eine Aufgabe gesucht, an denen sie die Kräfte entfalten konnte, die ihr noch verblieben waren.

Hildegard sagt: "Wie das Feuer die Flamme in sich trägt, so ist es für die Kräfte des vernunftbegabten Menschen notwendig, ein Werk vor sich zu haben." Das heißt, die Lebenskräfte der Seele sind derart in unseren Organismus eingebunden und mit ihm verbunden, daß sie danach drängen, auf sinnvolle Weise wirksam zu werden. Goethe meinte, daß genau das den Menschen zieret: "...daß er im innern Herzen spüret, was er erschafft mit seiner Hand."

Die Tätigkeit soll als erfüllend, als sinnvoll erlebt werden. Das ist ein großes Problem in der Industriegesellschaft, in der nur noch einzelne monotone Handgriffe ausgeführt werden, ohne den Sinnzusammenhang oder das ganze Werk zu erleben.

Daher kommt vielleicht auch die weit verbreitete Mentalität unserer Zeit, in der die Freizeit, das Nichtstun, das Liegen am Strand als Ziel aller Träume gilt, für das man sich abrackert. Die Gewichtung stimmt hier nicht mehr. Der Freizeitkultur käme hier eine wichtige Aufgabe zu: den Menschen zur Entfaltung seiner schöpferischen Fähigkeiten anzuleiten.

Dazu ist ein gutes Selbstvertrauen notwendig. Selbstzweifel und Unzufriedenheit mit den eigenen Fähigkeiten können einen Menschen stark beeinträchtigen.

Hildegard von Bingen schreibt in einem ihrer Briefe an Abt Bertulf:

> "Der da ist, spricht: ... Du gleichst einem Menschen, der sein Antlitz im Spiegel betrachtet, aber keine rechte Freude daran hat, weil er hin und her zweifelt, ob sein Antlitz schön ist oder nicht. Denn dein Herz ist wie ein Gebäude, das man von weitem sieht, das aber der Nebel manchmal verdeckt . . ." (B 154)

Der "Gefühlsnebel" ist ein auch der modernen Psychologie geläufiger Begriff. Aufgrund einer negativen Gestimmtheit erkennen wir nicht, welch wertvolle Eigenschaften wir besitzen. Wie oft sind wir beim Blick in den Spiegel unzufrieden mit unserem Aussehen? Die Kosmetikindustrie lebt auf weite Strecken von diesem Mißfallen an der äußeren Erscheinung.

Hildegard meint aber auch das Gefühl der Minderwertigkeit angesichts unserer seelischen und geistigen Anlagen, das keine rechte Freude über unser So-Sein aufkommen läßt. Sie schreibt in ihrem Brief, daß das (gute) Herz des Abtes jedem bekannt ist, nur er selbst über seine gute Veranlagung nicht froh wird. Wir dürfen uns nicht in einer solch negativen Selbsteinschätzung eingraben, die alle Schwungkraft lähmt, sondern müssen versuchen, unsere Fähigkeiten ans Licht zu bringen, auch wenn sie manchmal verborgen sind. Spüren wir doch einmal der Begabung nach, die in uns hineingelegt ist, denn schon im Schöpfungsbericht heißt es, daß Gott den Menschen sehr gut fand.

> ➪ Ich bin mit vielen Fähigkeiten und Talenten ausgestattet worden, die ich neu entdecken möchte.
>
> ➪ Ich möchte meine Begabungen kreativ entfalten und Zutrauen zu mir selbst gewinnen.
>
> ➪ Ich überlege mir, was ich gerne tun – einen Kurs besuchen, malen, töpfern, musizieren, Fremdsprachen o. v. m. – und eigenständig weiterführen möchte.
>
> ➪ Ich entwickle Eigeninitiative und bitte meine Mitmenschen um Hilfe.
>
> ➪ Ich baue auf Gott, der mich annimmt und hält, so wie ich bin. Er hat mich mit meinen Anlagen ausgestattet, in ihm bin ich geborgen.

Hildegard sagt, daß Gott großes Wohlgefallen am Menschen hatte, als er ihm ins Angesicht schaute, weil der Mensch mit seiner vernünftigen Stimme alle Wunderwerke Gottes verkünden konnte. Hier ist doch wohl das Staunen gemeint, das uns überkommt, wenn wir bewußt unsere eigenen Fähigkeiten auch als Wunder der Schöpfung betrachten. Wir Menschen sind selbst das größte Wunderwerk Gottes, ein "Kosmos im Kleinen", in den alle anderen Geschöpfe eingezeichnet sind. Selbst die Maße des großen Kosmos finden sich – in der Schau Hildegards – im Menschen wieder. Für die wunderbare Gestaltung des Menschen finden sich bei Hildegard viele Vergleiche mit dem Kosmos. So vergleicht sie z. B. die Seele mit der Sonne: wie die Seele dem Leib Lebenskraft gibt, so wärmt und stärkt die Sonne das Firmament:

> "Wie die Seele den Leib belebt und stärkt, so wärmen und stärken auch die Sonne, der Mond und die übrigen Planeten das Firmament mit ihrem Feuer. Denn das Firmament ist zu vergleichen mit dem Haupt des Menschen, die Sonne, der Mond und die Sterne mit den Augen, die Luft mit dem Gehörsinn, die Winde mit dem Geruchssinn, der Tau mit dem Geschmackssinn, die Seiten der Welt mit den Armen und mit dem Tastsinn. Die anderen Geschöpfe, die es auf der Welt gibt, sind zu vergleichen mit dem Bauch, die Erde aber mit dem Herzen. Wie nämlich das Herz die oberen und die unteren Teile des Kör-

> pers zusammen hält, so ist auch die Erde für die Wasser, die auf ihr fließen, gleichsam das feste Land." (H 33,34)

Wenn wir also die Schöpfung betrachten, können wir darin erkennen, zu welch großer Auszeichnung wir geschaffen sind. Der Mensch ist einerseits ein Teil des Kosmos, kann aber zugleich mit Hilfe der geistigen Kräfte diese Welt gestalten.

> "Das will heißen: Die ganze Welt schuf Gott. Und er ließ zu, daß auch der Mensch sich seine Welt baue. Denn die Menschen wirken und gestalten und befehlen. Sie schaffen an den Geschöpfen und bilden an diesem Vorbild auch anderes nach ihrem Willen, ohne ihnen jedoch einen Geist geben zu können ..." (MV 102)

Dadurch sind wir Abbild Gottes, daß wir mit Verstand und freiem Willen ausgestattet sind. So hat Gott seine verborgenen Geheimnisse in uns "verschlüsselt", weil wir wie die Gottheit selbst planend überlegen können.

Allerdings haben wir als Geschöpfe nicht die Fähigkeit, selbst wieder lebendige Wesen zu schaffen. Das ist Gott als dem Ursprung des Lebens vorbehalten. Aber genau so wie die Gottheit sollte der Mensch "alle seine Werke zunächst einmal in seinem Herzen erwägen, bevor er sie ausführt." Wir können mit unserer Vernunft die Zusammenhänge erkennen und entsprechend einsichtig handeln; mit unserem Willen entscheiden wir, was gut ist, was uns gefällt oder mißfällt, mit unserer Empfindungsfähigkeit, dem Erspüren des Herzens, lieben wir das rechte Tun.

Sind wir uns dessen bewußt, daß wir als Menschen die einzigen Geschöpfe sind, die über diese Gaben verfügen?

Die Geistbegabung des Menschen kann nicht allein als evolutive Fortentwicklung eines Säugetieres gesehen werden. Bereits der Tierverhaltensforscher und Nobelpreisträger Konrad Lorenz stellte fest, daß das Selbstbewußtsein des Menschen etwas so "qualitativ Anderes ist, daß es unmöglich mit Evolution erklärt werden kann". Wir hätten allen Grund, uns über unsere besondere Begabung zu freuen! Gott fordert von uns, die uns geschenkten geistigen Anlagen zu entfalten.

Hildegard sagt:

> "Wenn nämlich irgendein Mensch dir einen Schatz schenken würde, weil er dich sehr liebt, und zu dir spräche: 'Treibe Gewinn damit und sei reich, damit man weiß, wer der ist, welcher dir diesen Schatz gegeben hat', da müßtest du dir genau überlegen, wie du ihn gewinnbringend nutzen sollst ... So handelt auch dein Schöpfer. Er schenkte dir

den vorzüglichsten Schatz, nämlich die lebendige Einsicht, da er dich sehr liebt, weil du sein Geschöpf bist. Er gebot dir ..., mit dieser Einsicht in guten Werken Gewinn zu machen und an Tugenden reich zu sein, damit man daran den guten Geber genauer erkenne."
(SC 534)

Wenn Hildegard von einem "Gebot Gottes" spricht, so ist das nicht die Willkür eines Tyrannen, sondern die Befolgung dieses "Gebotes" ist Voraussetzung für einen menschenwürdigen Lebensvollzug. Wir können kein volles, heiles Leben führen, wenn wir unsere geistigen Fähigkeiten nicht einsetzen. Nicht genutzte geistige Energie macht uns krank.

Autonomie – Selbststand – im Denken und Handeln ist gefragt, auch wenn es der gängigen Situation nicht entspricht. Denn mir nimmt auch kein anderer Mensch ab, wenn ich durch widersprüchliche Haltungen in meinem Organismus geschädigt werde. Wenn wir uns der Erkenntnis des Guten entsprechend verhalten, dann bleiben wir in unserem Körper "heil und blühend".

➪ Ich traue mir zu, daß meine Einsicht und meine Urteilsfähigkeit ausreichen, um mein Leben selbst in die Hand zu nehmen.

➪ Es ist wichtig, daß ich meine mir geschenkten geistigen Gaben nutze.

➪ Ich kann mir eine eigene Meinung bilden und kritisch über entscheidende Fragen nachdenken und bin nicht auf Medienmeinung angewiesen.

➪ Ich spüre selbst, was mir gut tut und nehme mich selbst ernst.

Wir sind verantwortlich für das, was wir denken. Es ist nicht in unser Belieben gestellt, wie wir unsere Erkenntnis- und Entscheidungsfähigkeit nutzen. Jeder Gedanke zieht Konsequenzen nach sich. Hildegard hört, wie Gott spricht:

"Wenn dich die heilsame Flut von oben benetzt (tactus fueris), zeige mir, wie du auf dem Acker deiner Seele arbeitest und wie du ihn pflegst ... Durch mich besitzt du nämlich die Kraft (illa), mit der du dich mühen (arbeiten) kannst ..."
(SC 529)

"Du hast sehr viel Einsicht in dir, es wird aber auch viel Verständnis von dir verlangt werden. Viel ist dir geschenkt, viel wird auch von dir gefordert. Denn wenn du – von himmlischer Berührung angerührt – mich anrufst, wirst du Antwort vernehmen. Klopfst du an die Tür, wird dir geöffnet. Im Geist der so scharfen Erkenntnis, die dich erfüllt, wirst du alles, was dir nützlich ist, in dir haben. Und weil das in dir ist, deshalb werden meine scharfen durchdringenden Augen schauen, was sie in dir finden." (SC 527, 528)

Fühlen wir uns nicht oft überfordert mit dieser Aufgabe? Wie schwer fällt es uns manchmal, das Richtige zu erkennen und uns dafür zu entscheiden.

Hildegard sagt, daß jeder Mensch weiß, was gut ist, auch wenn er nicht danach handelt. Aber dieser Zwiespalt macht den Menschen krank und entfremdet ihn seinem eigentlichen Wesen. Im Inneren unserer Seele sehnen wir uns nach guten und nützlichen Dingen, müssen uns aber immerzu mit Schädlichem und Bösem auseinandersetzen. Wir fühlen uns oft von Gedanken wie von Stürmen durcheinandergewirbelt, und diese Gedankenstürme beeinträchtigen deutlich unser körperliches Wohlbefinden.

Wenn sich die Gedanken dabei "verbohren und verhärten", kann das die verschiedensten Auswirkungen auf den Organismus haben, die von Hildegard im einzelnen beschrieben werden – wie z. B. Geschwüre, Kopfschmerzen und Augenleiden, Ohrenleiden, Atembeschwerden und Husten. Dabei entspricht das körperliche Symptom der seelischen Befindlichkeit: Wenn die Gedanken sehr widersprüchlich sind, wird das Hörvermögen der Seele verwirrt. Auch kann der Mensch das Gute nicht bei sich behalten, so daß er seinen Widerwillen wie in einem Hustenanfall hinausprustet.

"Wenn sich die verschiedenartigen Gedanken eines Menschen, im Zustand der Roheit niedergeschlagen, durch Nachgiebigkeit, Leichtfertigkeit und schlüpfrige Eitelkeit ausbreiten, dann neigen sie in diesem Leichtsinn dazu, die Gerechtigkeit in jenem Menschen zu ersticken." (WM 76)

Solche Gedankenstürme verwirren das Gewissen, lassen den Menschen gefräßig werden, verursachen Herzbeschwerden, greifen die Lunge an, so daß er kaum noch atmen kann und können sogar eine Lungenentzündung verursachen. Auch sexuelle Phantasien können den Menschen durcheinanderbringen, ihn seines klaren Denkens berauben und körperliche Reaktionen hervorrufen: "Wenn die Gefäße der Lendengegend erschüttert werden und die Gedanken maßlos verwirrt sind durch den schlüpfrigen Erguß, kann der Mensch einen fettigen Aussatz bekommen, da sein Fleisch mächtig anschwillt." (WM 76, 77)

Ich habe alles in mir

Es ist notwendig, daß wir uns auch diese geistig-körperlichen Zusammenhänge ins Bewußtsein rufen, da dies normalerweise nicht geschieht. Die organischen Vorgänge, die Säfte des Menschen, werden direkt durch die Gedanken gesteuert. Sie sollen weder zu "leichtsinnig und flüchtig, noch zu hartnäckig und schwerfällig sein, dann machen sie den Menschen auch im Leiblichen durch die Gewohnheit ruhig und im Wissen gründlich. Dann beachtet er nicht den Beifall der Welt ... sondern seufzt nach den himmlischen Freuden ..." (WM 77)

Hier haben wir wieder einmal ein anschauliches Beispiel, wie Seele und Körper engstens miteinander verbunden sind. Die Seele weiß um ihren himmlischen Ursprung, sie weiß darum, daß die Ausrichtung an der Liebe Gottes auch den Leib gelassen und ruhig macht. Deshalb sind wir aufgefordert, unsere Verstandes- und Willenskräfte einzusetzen.

Hier wird nichts anderes ausgesagt als im Evangelium von den Talenten. Wir sollen unsere Begabung nutzbringend anwenden – nicht zuletzt, um glücklich leben zu können.

Drei geistige Grundkräfte stehen uns hierfür zur Verfügung:

Das Formen und Aussprechen der Gedanken (exspiratio),

das Wissen und die Weisheit (scientia) und

der innere Sinn, die Empfindungsfähigkeit (sensus).

Diese drei Kräfte müssen einmütig miteinander wirken, "weil keine von ihnen die andere überschreitet, wie ja auch das Haupt sein rechtes Gleichmaß hat." Nach Hildegard haben alle drei Fähigkeiten ihren Sitz im Gehirn.

Das Formen der Gedanken deutet auf den vorderen Teil des Hauptes hin, also auf das Großhirn; mit dem Wissen verteilt sich die Seele gleichsam auf die beiden Seiten zu den Ohren, also auf die Schädellappen, und mit der Empfindung wendet sie sich sozusagen nach hinten bis zum Anfang des Nackens, also zum Kleinhirn.

Diese Erkenntnisse der heiligen Hildegard über die Gehirnfunktionen könnten sicher auch der modernen Hirnforschung einige Anstöße geben, da der Großteil des "Elektrizitätswerkes Gehirn" bis heute unbekannt ist. Wir wissen nur, daß sich alle seelischen Vorgänge – d. h. die Gesamtheit des Denkens, Fühlens, Wollens – im Gehirn vollziehen. Wir sind hier erst am Anfang der Forschung.

Hildegard spricht davon, daß die drei geistigen Grundkräfte einmütig miteinander wirken sollen: daß unser Wissen erst im Formen und Aussprechen der Gedanken Gestalt annehmen kann, und daß dies alles mit unserem ganzen Wesen, mit unserem inneren Sinn, mitempfunden werden soll. Die Vernunft darf keine abstrakte, blutleere Fähigkeit bleiben, sondern muß eng mit unserer Empfindung, unserem Gefühl verbunden sein, mit dem, was unserem Leben Sinn gibt: Nur was zuvor im Herzen geliebt wird, kann auch zu einem fruchtbaren Werk werden. Das ist mehr, als wenn ich nur zu etwas Lust oder Spaß an etwas habe.

Das, was mich innerlich mit Freude und Zufriedenheit erfüllt, ist die Weisheit, die mir Lebenskraft gibt. Sie findet ihren Ausdruck im gesprochenen Wort, im erklingenden Wort.

Aber erst durch das Aussprechen der Gedanken werden diese faßbar. Das Wort ist die Gestalt, der Körper des Gedankens. Er kann sich nur im Wort verwirklichen. Jedes vernünftige Wesen will und muß sich aussprechen. Die menschliche Vernunft hat den selbständigen Laut, die Sprache, das Wort, den Klang (sonus), wo die stumme Kreatur nur Resonanz besitzt: "secum resonare facit". Ich kann mich als Mensch letztlich nur dann entfalten, wenn ich mich aussprechen, mich mitteilen kann. Immer wieder erlebe ich Kinder, die an Sprachstörungen verschiedener Art, Mutismus (Sprachverweigerung), Stottern usw. leiden, die in ihrer Gesamtentwicklung stark gehemmt, körperlich anfällig, den Mitmenschen gegenüber sehr aggressiv und zutiefst traurig und deprimiert sind. Gedanken, Gefühle, Konflikte, Probleme, die nicht ausgesprochen werden können, sind wie ein Stein im Inneren. Das bedeutet ein schweres geistiges, seelisches und soziales Leiden.

Wie wichtig sind Menschen, die liebevoll und ruhig zuhören können! Nur wenn ich einen verständnisvollen Zuhörer habe, ist es möglich, mich auszusprechen. In der Regel bedarf es gar keines "guten Rates", sondern allein das Aussprechen der Gedanken bringt Erleichterung. Oft fällt dem Betreffenden selbst eine Lösung seines Problems ein.

Verleihen Sie sich und Ihrem Wollen Ausdruck:

➪ Fassen Sie Ihre Gedanken in Worte und teilen Sie sie anderen mit. Sprechen Sie mit den Menschen. Erst dadurch wird Ihnen und anderen vieles klar.

➪ Oder schreiben Sie nieder, was Sie bewegt: in Form eines Tagebuchs, mit Gedichten oder auf eine andere Weise, die Ihnen geeignet erscheint.

> ⇨ Öffnen Sie sich den Menschen in ihrer Umgebung, hören Sie aber auch auf die Botschaften aus der Natur.
>
> Dadurch bauen Sie eine Brücke zwischen sich und der Welt, und Ihr Leben wird reicher.

Achten wir darauf, was wir sprechen. Wir können Liebe und Freude weitergeben durch das Wort und damit dem Leben dienen, genauso wie Worte töten können. Das Wort ist uns vom Schöpfer in unsere Verantwortlichkeit übergeben. Paulus sagt: Ihr müßt Rechenschaft ablegen von jedem unnützen Wort.

Das Wort ist sehr wirkmächtig. Ein Wort einmal entlassen, kann nie mehr zurückgeholt werden. Es kann ein ganzes Leben verändern. Wir haben sehr viel Macht durch das Wort. Wir erfahren hier etwas von unserer Gottesebenbildlichkeit. Gott selbst schuf alles durch Sein WORT. Hildegard von Bingen ist tief erfaßt von der Offenbarung Gottes im Johannesevangelium: "Im Anfang war das Wort... und durch das Wort ist alles geworden." Indem Gott seine Gedanken und sein Wollen aussprach, ist die ganze Schöpfung entstanden.

> "... Als nun das WORT Gottes erklang, da erschien dieses WORT in jeder Kreatur, und dieser Laut war das Leben in jedem Geschöpf. Aus dem gleichen Wort heraus wirkt des Menschen Geist die Werke, aus dem gleichen Laut bringt die Vernunft ihre Werke tönend, rufend oder singend hervor ..." (WM 171)

Wir finden bei Hildegard den faszinierenden Gedanken, daß der ganze Kosmos, daß jedes Geschöpf einen Klang hat, daß alles von Tönen erfüllt ist. Wenn unsere Sinne nur fein genug ausgebildet wären, könnten wir diese Schwingung wahrnehmen. Durch unser Wort, durch unsere Taten sind wir aber auch in der Lage, auf das Geschehen im Kosmos Einfluß zu nehmen – wir verfügen über den Klang des Wortes. Wir können hören und antworten. "Das Hören ist der Ursprung der vernünftigen Seele, und die Vernunft spricht mit einem Klang, und der Klang ist gleichsam Denken, und das Wort ist gleichsam Werk – verbum quasi opus est." Wir können hören, was Gott spricht – durch die Schöpfung und durch die Heiligen Schriften – und wir haben zu antworten. So können wir Menschen aktiv teilnehmen an dem großen Klang, der tönenden Weltharmonie durch die Schwingung unserer Sprache. Wir sind das Wesen in der "Verantwortung". "Der Mensch ist ein Gefäß, das Gott für sich gebildet und mit Seinem Geist erfüllt hat, um Seine Werke in ihm zu vollbringen ... Ihm hat er gestattet, im Kuß der wahren Liebe durch seine Geistigkeit Gott zu preisen und zu loben."

> Die folgende Meditation bringt uns ein Bild nahe, das Hildegard von Bingen auch als Symbol für den Menschen gebraucht: Das Haus.
>
> Im Gegensatz zum Baum, der gewachsen ist, bin ich am Bau meines Hauses selbst aktiv beteiligt. Durch meine Gedanken, meine Einstellung, meine Haltung, beeinflusse ich die Gestalt meines Hauses, meiner Persönlichkeit.
>
> Niemand zwingt mich, zerstörerischen, haßerfüllten Gedanken Raum zu geben. Ich selbst bin es, der diese Gedanken zuläßt oder abweist. Es liegt in meiner Verantwortung, ob ich meinen Organismus auf- oder abbaue.
>
> ❍ Gehen Sie einmal langsam und bewußt durch eine Straße, betrachten Sie die Häuser, bleiben Sie stehen und überlegen Sie, wie Sie wohl als Haus aussehen würden. Lassen Sie sich von den Häusern ansprechen – dann sprechen sie zu Ihnen.
>
> ❍ Achten Sie darauf, wo Sie ihre Begabungen und Fähigkeiten entfalten können: in Beruf und Freizeit, in der Familie, in der Gesellschaft.
>
> ❍ Bringen Sie Eigeninitiative auf in allen Lebensbereichen und denken Sie über Wege nach, sich und anderen mehr Freude zu schenken.

Ich habe alles in mir 65

Meditation : Das Haus

Ich bin wie ein Haus – ich bin mein eigener Architekt,
ich plane, konstruiere und baue es selbst.
Ich baue mir selbst mein Lebenshaus.
Wie sieht es aus?

"Wenn ein Mensch sein Haus baut,
dann macht er eine Türe, Fenster und Schornstein."

Hat mein Haus eine Tür?
Können meine Gedanken ein- und ausgehen,
oder mache ich dicht?

Hat mein Haus Fenster? Oder ist es dunkel in mir?
Aus jedem Fenster habe ich einen anderen Blickwinkel,
kann die Dinge mit anderen Augen sehen,
wäge ab, bevor ich handle.

Hat mein Haus einen Schornstein, einen Rauchabzug?
Der Ansturm der Gefühle, die Vielfalt der Gedanken,
die Aufwallung der Freude, der Sturm des Zornes,
das Vielerlei der Wünsche und Vorhaben:
Es ist wie ein Feuer in meinem Herzen,
entwickelt Qualm und Rauch, der mich umnebelt.
Mein Gehirn ist wie ein Schornstein.

Mit meiner Vernunft sondere ich aus
und lasse alles Unnütze und Schädliche
wie einen Qualm abziehen.

Mit einsichtigen Gedanken über Gut und Böse
bringe ich Ordnung in mein Haus.

Was bin ich für ein Haus?
Die Gedanken des Herzens sind die Baumeister.
Ich lasse verschiedene Häuser an mir vorüberziehen.

MEDITATION 67

Armselige, kleine Hütten,
in denen Engherzigkeit, Missgunst und Geiz wohnen.

Kleine schmucke Häuschen,
wo die Freude, das Wohlwollen, die Freigebigkeit wohnen.

Riesige Wohnblocks,
in denen viele zusammengedrängt wohnen,
wo es viel Streit, Zwietracht und Neid gibt.

Eine eingezäunte Villa,
zwar prächtig ausgestattet, aber unzugänglich,
die nur dem eigenen Genießen und Wohlleben dient.

Ein prächtiges großes Haus,
wohnlich und geräumig,
das für viele Menschen genug Platz hat,
gastfreundlich und offen.

Eine Kirche, ein Ort der Stille und des Gebetes,
ein Ruhepunkt im Getriebe,
ein Ort der Gottesbegegnung und Gotteserfahrung.

> "Gott hat mich gedacht als ein wunderschönes Bauwerk,
> lichter als die Sonne und die Sterne,
> in dem die Herrlichkeit der Engel leuchtet.
>
> Das Fundament ist ein Topas,
> aus Edelsteinen sind die Mauern,
> die Treppen sind mit Kristall besetzt,
> der Boden ist mit Gold belegt.
>
> Denn ich bin der lebendige Hauch,
> den Gott in den trockenen Lehm entsandte.
>
> Deshalb sollte ich Gott kennen und ihn spüren."

(SC. 57/59)

Ich kann mich annehmen, wie ich bin
Die grünende Lebensfrische der Selbsterkenntnis

"Leichter siehst du in einer stockdunklen Nacht auf einem schwarzen Stein einen schwarzen Käfer, bevor du einen eigenen Fehler siehst."

Dieses orientalische Sprichwort weiß davon, wie schwer es uns fällt, eigene Fehler zu sehen und einzugestehen. Die Beispiele dafür sind zahlreich: Zum Beispiel ist es in einem meiner Seminare vorgekommen, daß eine Teilnehmerin die Broschüre über "die Reue" kaufte mit der Bemerkung, sie müsse sie jemandem geben, der es nötig hätte.

Wir alle wenden sehr viel seelische Kraft auf, um unsere Fehler zu verdrängen und zu vertuschen. Doch alle Verdrängung und Unehrlichkeit uns selbst gegenüber ist wie Gift, das schleichend unsere Lebenskraft aufzehrt. Dagegen setzt Hildegard von Bingen die "grünende Lebensfrische", die aus der Erkenntnis und dem Annehmen meiner hellen und dunklen Seiten wächst. Wenn ich unverkrampft und ehrlich mit mir umgehe, muß ich zugeben, daß ich mit allen Menschen gemeinsam in Unbeständigkeit, Schwäche und dem Hang zur Sünde gefangen bin. Gerade das aber wird heute verstärkt von Vertretern des sogenannten New Age und der Esoterik in Abrede gestellt: Es wird dem Menschen suggeriert, daß er über unendliche göttliche Kräfte verfüge, wenn er nur sein Bewußtsein zu erweitern, durch Meditation, eventuell durch okkulte und magische Praktiken die Grenzen seiner Person zu übersteigen versuche. Das Ziel ist, alles erreichen zu können – sei es beruflich, gesellschaftlich oder finanziell –, ohne Anfechtung zu leben in Harmonie mit sich und der Umwelt, sich durchlässig zu machen für den göttlichen, kosmischen All-Geist, um dann selbst göttlich, allwissend, allweise und allgütig zu werden Es wird davon gesprochen, sich von einer Kirche zu lösen, die den Menschen als Sünder, als gefallenes, erlösungsbedürftiges Wesen darstellt.

So verlockend dies alles klingt, so sicher stürzt es den Menschen über kurz oder lang in Verzweiflung, da es ihn in seinen Möglichkeiten überfordert. Wir wären dann nicht nur Abbild Gottes, sondern hätten die Möglichkeit, selbst göttlich zu werden. Hier liegt auch die Ursünde der Engel, im Hochmut, der spricht: Ich will sein wie Gott. Hildegard hört Gott sprechen:

> "Viele aber wollen mit mir ihr Spiel treiben und wollen sich mir nähern, ohne Verstand und Denkkraft zu bemühen ... in der Meinung, alles sei ihnen möglich, was sie wollen, und möchten nicht wahrhaben, wer und was sie sind oder was sie vollbringen können, noch sich bewußt machen, wer sie gebildet hat und wer ihr Gott ist. Er soll nur ihr Hausgenosse sein, der alle ihre Wünsche erfüllt. Dazu verleihe ich meine Gabe nicht." (SC 530)

Dem stellt Hildegard die Erkenntnis der realen Beschaffenheit des Menschen gegenüber. Der Mensch ist begrenzt, weil er sich nicht über die Gesetzmäßigkeiten der leiblichen Natur hinwegsetzen kann: Trotz aller Mühe stoßen wir täglich an unsere Grenzen, die guten Vorsätze zerfließen wie Schnee im Frühling, und resigniert stellen wir fest, daß wir wie im Kreis herumgegangen sind.

"Das rechtmäßige Sehnen der Menschen spürt trotz der Vollkommenheit der Gesinnung bisweilen die Fragwürdigkeit des Fleisches, in das es gleichsam eingekrümmt ist" und: "... denn weil der Mensch unbeständiger Natur ist, kann er aus eigener Kraft einen festen Zustand nicht halten." Die Seele füllt zwar den ganzen Organismus aus – das Gehirn, das Herz, das Blut und das Mark – kann aber nicht mehr bewirken, als ihr durch die Grenzen des Leiblichen möglich ist. Schon allein durch die körperliche Ermüdung muß der Mensch Ruhepausen einlegen, die er nicht ungestraft übergehen darf. Was hindert uns denn daran, in dieser Weise Selbsterkenntnis zu üben, d. h. einerseits die positiven Kräfte und Fähigkeiten mit gutem Selbstvertrauen zu nutzen, wie wir es im vorigen Kapitel beschrieben haben, andererseits unsere Grenzen zu sehen und zu akzeptieren? Welche Motive sind es, die uns zur Überforderung anspornen, die Unzufriedenheit mit uns selbst verursachen und damit einen selbstzerstörerischen "Teufelskreis" schließen? Ein Grund unter anderen mag sein, daß wir uns ein Bild von uns selbst machen, ein schönes, vollkommenes Bild – man spricht von "Maske" –, das wir dann vor uns hertragen, um geliebt und anerkannt zu werden, um etwas zu gelten. Im tiefsten Grund steckt die Angst, nicht mehr liebenswert zu sein, wenn wir unsere Fehler und Schwächen zeigen. Vielleicht kann ich mich dann auch selbst nicht mehr lieben, weil ich es bin, der sich seine Schwächen nicht verzeiht. Sie werden negiert, verdrängt und ich entziehe meinem sittlichen Streben den Grund. Ich setze mich dem ständigen Streß der Überforderung aus. Hierzu Hildegard von Bingen:

> "Der Mensch schaue zuerst auf die Niedrigkeit seines Fleisches und steige so stufenweise freudigen und ruhigen Herzens von Tugend zu Tugend weiter. Denn wer zuerst den höchsten Zweig eines Baumes zum Hinaufklettern ergreift, fällt sehr oft in unvermutetem Absturz. Wer aber hochsteigen will und bei der Wurzel beginnt, der kommt nicht so leicht zu Fall, wenn er vorsichtig geht." (SC 461)

Ich kann mich annehmen, wie ich bin

Mit sanfter ruhiger Seele, d. h. mit Gelassenheit, können wir mit uns umgehen, können wir einen ehrlichen Blick auf uns selbst werfen. Nicht die höchsten Zweige, nicht eine überzogene Idealvorstellung von uns selbst sind das Ziel, sondern das Aufsteigen von der Wurzel her. Das Verwurzeltsein entspricht unserem Eingebundensein in die Natur, unserer Leiblichkeit, unseren angeborenen oder erworbenen Persönlichkeitsstrukturen.

Einen möglichen Zugang zum selbstkritischen Umgang mit unseren "Wurzeln" bietet uns Hildegard von Bingen in ihrer Typologie. Grundlage hierfür bildet ihre Lehre von den Säften im Organismus, die sich an das griechische Modell anlehnt und unserem heutigen medizinischen Vokabular fremd ist. Gleichwohl trifft der Inhalt ihrer Aussagen sehr gut unseren Erfahrungsbereich: Entsprechend dem ganzheitlichen Ansatz Hildegards werden die Säfte vom sittlichen Verhalten des Menschen gesteuert. Durch die Entfernung von Gott und die Zustimmung zum Bösen entstand im Menschen ein schädlicher Saft, das sogenannte Phlegma.

Prof. Heinrich Schipperges, Medizinhistoriker und profunder Hildegard-Kenner, bezeichnet das Phlegma als zähe Feuchtigkeit im Organismus, als Rückstand der

Stoffwechselprodukte, das, was kalt, geschmacklos und indifferent geworden ist, das Verbrannte.

Dieses Phlegma kann in den verschiedenen Menschen vier typische Ausprägungen erfahren, die den vier Elementen entsprechen: Das trockene, das feuchte, das feurige und das windige Phlegma. Die Typologie ist eine Möglichkeit unter manchen anderen, um über sich selbst mehr Klarheit zu erhalten.

1. Menschen mit trockenem Phlegma, entsprechend dem Element Erde: Sehr willensstarke Menschen.

"Es gibt Menschen, die enthaltsam sein können, wenn sie wollen; wollen sie aber nicht, so erweisen sie sich auch stark in ihrem Anderswollen. Auf der einen Seite sind sie geizig, auf der anderen gierig nach fetten Mahlzeiten. Daher gerinnt in ihnen das so gefährliche, giftige, dicke und trockene Phlegma. Wenn solche Menschen sich nicht des Genusses von fetten Speisen enthalten wollen, ziehen sie sich leicht Aussatz (Ekzeme, Geschwüre usw.) zu. Die Bitterkeit dieses Phlegmas aber bewirkt, daß sich ... der Dunst der 'melancolia' um ihre Leber und Lunge erhebt; hiervon werden sie jähzornig und hartherzig. Dabei sind sie nicht einmal kränklich, sondern tüchtig und unternehmungslustig ... und in ihrem Zorn tyrannisch und habgierig."

Als Heilmittel gegen den Jähzorn finden wir bei Hildegard u. a. sehr fremd wirkende Anweisungen, die deshalb auch Widerstand hervorrufen können. Trotzdem will ich sie anführen, um die Möglichkeit zu geben, sie auszuprobieren.

Gelöschter Wein: Wer zornig ist, soll rasch Wein erhitzen, ihn mit einem Schuß kalten Wassers abschrecken und warm trinken. Dadurch wird der zornauslösende Stoff, die Schwarzgalle, gedämpft.

Edelstein-Therapie: Hildegard sieht auch Heilkräfte in den Edelsteinen, die meiner Meinung nach nichts mit Magie zu tun haben. Durch Erwärmen oder Befeuchten werden heilende Kräfte (Strahlungen?) frei. Es wäre sicher lohnend, die im komplizierten kristallinen Aufbau der Edelsteine ablaufenden Prozesse näher zu untersuchen. Gegen Jähzorn soll der Chalzedon-Stein auf die Haut gelegt werden (Halskette oder Armband oder in die Hand nehmen), wodurch Krankheiten vom Menschen abgewendet werden und der Jähzorn verfliegt. Aber auch der Chrysopras, an die Kehle gehalten, kann die im Zorn aufgewühlten Nerven besänftigen.

2. Menschen mit feuchtem Phlegma, entsprechend dem Element Wasser sind sehr krankheitsanfällig, voll überschüssiger Kraft. Sie können sich kaum im Zaume halten.

Hildegard schreibt davon, daß das feuchte Phlegma eine Abkühlung der Magenfeuchtigkeit und eine Verringerung der Hörkraft bewirkt. Außerdem schädigt es die Milz und zieht das Herz in Mitleidenschaft, "weil das Herz ständig und mit großer Kraft laufen muß und die überschießende Feuchtigkeit immerzu abwehrt. Solche Menschen sind ihrer Komplexion nach sanft und heiter, wiewohl langsam; manche erreichen eine mäßige Lebensdauer, weil das Phlegma sie zwar nicht zugrunde richtet, ihnen aber auch nicht unbeeinträchtigt die Gesundheit läßt."

Als Heilmittel möchte ich hier die Edelkastanie erwähnen, die bei Hildegard große Heilkraft besitzt. Sie ist sehr warm, "hat aber doch große Kraft, die der Wärme beigemischt ist, und bezeichnet die Weisheit. Und was im Baum ist, und auch seine Frucht, ist sehr nützlich gegen jede Schwäche, die im Menschen ist." Die Edelkastanie wird empfohlen gegen Kopfleiden, Vergeßlichkeit, Herzbeschwerden, Melancholie, Leberschmerzen, Milz- und Magenbeschwerden. Rezepte finden sich in der Literatur über Hildegard Medizin.

3. Menschen mit feurigem Phlegma, entsprechend dem Element Feuer: Sehr schwankend in ihrem Sinn. Neigen zum Jähzorn, der aber rasch verfliegt. Daraufhin gutherzig und freundlich, wenn auch kühl. Haben mit wenig Essen genug.

Solche Menschen leben sehr kräfteaufreibend: "Wenn in solchen Menschen die verschiedenartigen Säfte von Phlegma erregt werden, so daß sie ... entweder durch Unmäßigkeit in Speise und Trank oder durch unpassende Ausgelassenheit, Traurigkeit oder Zorn, auch wohl durch ungezügelte Begierlichkeit durcheinandergeschüttelt werden, dann kommen sie zum Sieden, wie Wasser in einem warmen Bad, wenn Feuer unterlegt ist, sprühen gelegentlich feurige Tropfen aus und senden diese wie Pfeile in das Fleisch und Blut sowie in die Gefäße ... Sie erreichen dabei kein hohes Alter."

Es gibt viele Heilmittel bei Hildegard gegen die aufgepeitschten Säfte, die aber alle von der Tugend des Maßhaltens begleitet werden müssen. Diese beginnt bei einer einfachen Ernährung und geht bis zu einer gezügelten Lebensführung. Auch kann bei solchen Menschen ein gemäßigtes Fasten heilsam sein, das sie unter Anleitung eines Arztes oder mit seelsorgerlicher Betreuung durchführen.

4. Menschen mit windigem Phlegma, entsprechend dem Element Luft: In ihrer ganzen Lebensführung sehr unentschlossen, unbeständig und ohne richtige Ordnung: "Wie ein heftiger Wind sind sie, der allen Pflanzen und Früchten nur schadet." Sie leiden vermehrt an traurigen und furchtsamen Stimmungen.

Bei diesen Menschen herrscht die "Schwarzgalle" vor, die als schwarzer Gallenfarbstoff oder Melanche bezeichnet wird: "Diese Schwarzgalle ist schwarz und bitter; sie haucht alles Übel aus und bringt auch Erkrankungen des Gehirns mit sich, läßt am Herzen dessen Gefäße aufsieden und bereitet Traurigkeit und Zweifel an allen Tröstungen, so daß der Mensch sich an nichts mehr richtig freuen kann, ganz gleich, ob es sich um das höhere Leben oder die Tröstungen dieser Lebenszeit handelt. Diese Melancholie aber gehört erst zur Natur des Menschen, seitdem der Mensch infolge der ersten Versuchung des Teufels Gottes Gebot übertrat."

Hildegard sieht die Melancholie und die aus ihr erwachsende Traurigkeit und Verzweiflung als Ursache jeder schweren Erkrankung des Menschen. Menschen mit solcher Veranlagung stehen unter einem sehr großen Leidensdruck, so daß sie entweder sehr früh sterben oder aber in der ständigen Auseinandersetzung starke Überlebenskräfte entwickeln. "... doch haben sie zu vielfachem Glück Ehrfurcht vor Gott und den Menschen." (H 95-97)

Als Heilmittel eignen sich einige Nahrungsmittel und Gewürze, von denen Hildegard sagt, daß sie den Menschen froh machen, wie z. B. Dinkel, Hafer, Fenchel, Muskatnuß, Flohsamen, Kubebenpfeffer, "Nervenkekse" (Kekse aus Mürbeteig mit Muskatnuß, gleichviel Zimt und weniger Gewürznelken, gemahlen) oder Aronwein (mit Aronwurzel gekochter Wein). Ein besonderer "Meister" gegen die Melancholie ist der Wermut (Rezept s. S. 34).

Einen weiteren Zugang zur Selbsterkenntnis bietet Hildegard im Vergleich des menschlichen Verhaltens mit Tieren. Wenn die ganze Schöpfung in den Menschen eingezeichnet ist, dann finden sich dort auch Parallelen zu den Tieren:

> "Die Säfte erheben sich zuweilen im Menschen wild wie ein Leopard; dann mäßigen sie sich wieder, so wie der Krebs bald vorwärts, bald rückwärts geht. Und so weisen sie auf vielfache Veränderung hin. Auch zeigen sie ihre Widersprüchlichkeit gleichsam im Springen und Stoßen des Hirsches." (WM 69)

Soll ich nicht zugeben, daß ich oft hin- und hergerissen bin, widersprüchlich in Absicht, Reden und Ausführung? Auch der gläubige Mensch kann sich nicht davon frei machen. Manchmal "knurrt und brummt es im Menschen wie ein Bär, wenn er zornig ist", ein anderes Mal macht sich der Mensch vor, seine Stärke weiche von ihm so wenig wie von einem Löwen, dann wieder denkt er, wenn er sich lammfromm stellt, würde er dem Gerichte Gottes entgehen:

> "Auf diese Weise wechseln die Säfte im Menschen oftmals, weil die Gedanken den Menschen jetzt in Sicherheit einwiegen und dann wieder in die Verzweiflung stürzen und ihn manchmal auch in rechter Ehrfurcht aufwärts führen. Diese wechselhaften Gedanken schlagen sich mitunter auf die Leber nieder." (WM 70)

Die Leber als Stoffwechselzentrale ist ein sehr gefährdetes Organ. Es ist gut zu wissen, daß nicht nur falsche Ernährung, Alkohol, Nikotin, Medikamente u.ä. die Leber schädigen, sondern ebenso unsere wechselhaften Gedanken, unsere schwankenden Stimmungen und unsere destruktive Gefühlslage. "Die Leber braucht die Freude, wie die Blume den Sonnenschein." Das Einnehmen von Medikamenten, auch von natürlichen Heilmitteln allein bringt noch keine Heilung. Erst wenn ich meine Gefährdungen und Beschränkungen angstfrei akzeptieren kann, bin ich auf dem Weg der Gesundung. Auch Hildegard weiß, daß es für einen Menschen nicht einfach ist, sich aus der stumpfen Gewohnheit zur Gerechtigkeit zu erheben, weil der Leib dem "geistigen Höhenflug" oft nicht folgen will. "Und doch besitzt die Seele alles in allem die umarmende Liebe zu ihrem Leibe, mit dem sie am Werke ist." Nach ihrem geistigen Aufschwung wendet sie sich wieder ihrem Körper zu und stärkt ihn, "weil das Fleisch wie die Erde gebrechlich ist".

So stehen Seele und Leib in einem ständigen Spannungsverhältnis, und der Mensch muß immer wieder Nachsicht haben, da er "die lichten wie die trüben Werke mit der Seele und mit dem Leibe zu wirken hat". Der Aufruf der heiligen Hildegard – "Sei ein treuer Freund deiner Seele" – soll wohl besagen, daß wir uns selbst mit Wohlwollen und Nachsicht begegnen sollen, um uns nicht mit der rigorosen Forderung nach Göttlichkeit zugrunde zu richten. Ein Sprichwort sagt: "Ein Freund ist einer, der dich kennt und trotzdem liebt". Haben wir keine Angst davor, uns selbst kennenzulernen. Geben wir uns die Chance, unsere Kräfte und unsere Grenzen richtig einzuschätzen, um dann von den Wurzeln her aufzusteigen: "Das bedenke der Mensch bei sich: Auch das aus dem Ei schlüpfende Vöglein, das noch keine Flügel hat, beeilt sich nicht zu fliegen; erst wenn ihm Flügel gewachsen sind, fliegt es, da es sieht: Das Fliegen ist ihm angemessen." Der Volksmund drückt es so aus: Der will zu hoch hinaus. Selbst wenn ein Ziel erstrebenswert ist, kann das unangepaßte Streben den Menschen zu Fall bringen.

○ Ich bemühe mich darum, mich selbst zu erkennen: mit allen Fehlern, Schwächen und Unvollkommenheiten.

○ Ich akzeptiere, daß meinen Fähigkeiten menschliche Grenzen gesetzt sind, und daß es keinen Sinn hat, mich zu überfordern.

○ Ich kann mich annehmen, so wie ich bin, und mir selbst mit Wohlwollen und Nachsicht begegnen.

○ Ich sehne mich nicht nach dem Fernen und Unerreichbaren, sondern versuche, die mir verliehenen Begabungen und Talente zu entwickeln und auszubauen.

Es ist sicher nicht immer einfach, sich seiner Begrenztheit und Schwäche zu stellen. Es kränkt unseren Stolz. Bei Hildegard finden wir daher als Königin der Tugenden die Demut, ein aus der Mode gekommenes und oft falsch interpretiertes Wort, bei dem es um das Anerkennen meiner Geschöpflichkeit, meiner Abhängigkeit und meines Angewiesenseins auf eine höhere Macht, auf Gott, geht. Hildegard hört von Jesus Christus in der Rede des Menschensohnes, die sie in ihrem Buch "Scivias" aufgeschrieben hat, sehr deutliche Worte:

> "O Mensch, warum hast du den Acker deiner Seele nicht unter sucht, um unnützes Unkraut, Dornen und Disteln auszureißen, d.h. mich anzurufen und dich zu betrachten, bevor du wie ein Trunkener und Wahnsinniger, der sich selbst nicht kennt, zu mir kommst? Denn du kannst ohne meine Hilfe kein leuchtendes Werk vollbringen ... Welchen Führer und Helfer hast du aber dazu gesucht? Deinen betrügerischen Sinn, der dich Törichten in die Wüste ohne Lebenskraft und Erinnerung an deine Einsicht führte. Er hatte vergessen, daß du nichts Gutes ohne Mich tun kannst." (SC 30)

Hildegard hört aber auch die Zusage, daß sich das Erbarmen Gottes den Menschen voller Mitleid zuneigt, weil Gott weiß, daß wir schwache Gefäße sind. Sie spricht sogar davon, daß Gott bereit ist, sich unserem Elend "anzupassen". Auch wenn wir gestolpert oder gefallen sind – wenn es mir von ganzem Herzen leid tut, weh tut, können und sollen wir wieder aufstehen und weitergehen. Gott sagt zu uns: "Und Ich nehme dich auf und heile dich." Für jeden, der den Weg der Selbsterkenntnis geht, der in sich geht, hat Gott in seinem Sohn das liebende Erbarmen und nicht die Verurteilung bereit. Er gibt ihm die Speise des Lebens.

○ Ich nehme meine Begrenztheit als Geschöpf an.

○ Ich weiß, daß ich mein Leben nicht aus mir selbst habe und es auch nicht aus mir selbst erhalten kann.

○ Ich bitte Gott um seine Hilfe, wenn meine eigene Kraft nicht ausreicht. Er hat mir zugesagt, daß er sich mir voll Mitleid zuneigt.

Die Meditation nimmt das Bild der heiligen Hildegard von der Mauer, an der wechselnde Wolken vorüberziehen, als Sinnbild für den Menschen, der nicht zu sich selbst kommt. Die rastlose Sucht nach Neuigkeiten und Ablenkung machen den Menschen teilnahmslos und unfähig, sich selbst zu erkennen.

Stellen Sie sich einmal an eine Mauer und spüren sie den folgenden Gedanken nach.

Meditation: Die Mauer

"Dein Geist gleicht einer Mauer
an der wechselnde Wolken vorüberziehen.
Du blickst überall umher, hast aber keine Ruhe."

Ich stehe da wie eine Mauer, weiß nichts von mir selbst,
weil ich immer den Wolken nachblicke –
viele, immer neue Wolken,
dunkle Wolken, Regenwolken, Sturmwolken:
Böse Nachrichten von Krieg, von Schandtaten,
radioaktiven Strahlen und Ozonlöchern.

Federleichte Wolken, Schäfchenwolken:
Reisen und Vergnügen, Fernsehen und Musik,
Geselligkeit und Illustrierte.
Immer neue Wolken, immer mehr, immer mehr,
wird mir auch keine entgehen?

Ich stehe da wie eine Mauer,
weiß nichts von mir selbst.
Habe ich ein Herz aus Stein,
das alles nur vorüberziehen läßt,
nachblickt – und dann vergißt?

Was wäre ich ohne die Wolken,
ohne die Abwechslung,
ohne die Neuigkeiten?

Halte ich es aus,
einmal mit mir selbst allein zu sein?
Oder sogar mit meinem Gott allein?
Wer weiß, wer sich hinter den
wechselnden Wolken verbirgt?

Ich bin lebendig, weil ich mich freuen kann

Die Lebenskraft der Freude

Hatten Sie heute schon das Glück, einem freundlichen Menschen zu begegnen, dessen Blick leuchtete und der Ihnen ein frohes Lächeln schenkte?

Ich meine nicht das unverbindliche, formale Lächeln, das in den Mundwinkeln hängen bleibt und nicht bis zu den Augen vordringt. Nein, ich meine die Freude und Wärme, die aus dem Herzen kommt und die mich spüren läßt, daß ich für jemanden gegenwärtig, bei jemandem angenommen bin.

Oder erlebten Sie sogar in sich selbst diesen Strahl der Freude, der für eine gewisse Zeit die düsteren Wolken der Sorgen verjagte? Derartige Augenblicke sind wahrlich ein seltenes Geschenk, da sich dieser Glückszustand leider oft kürzer hält als die negativen Gestimmtheiten. Wir können erahnen, was die Verheißung Jesu beinhaltet: "Geh ein in die Freude deines Herrn." Der Dauerzustand der Freude bei Gott ist das Ziel und der Sinn unseres Lebens. Dies ist aber keine leere Vertröstung, sondern eine durchaus lebbare und erlebbare Möglichkeit, hier und jetzt.

Hildegard hört die Seele sprechen: "O Fleisch und ihr, meine Glieder, in denen ich Wohnung fand, wie freue ich mich von Herzen, daß ich in euch gesandt ward; denn wo immer ihr mit mir übereinstimmt, da sendet ihr mich zurück zur ewigen Belohnung."

Hier kommt zum Ausdruck, daß es ein freudiges Ereignis ist, als Mensch zu leben – so wenigstens war es vom Schöpfer gedacht. Immer, wenn Leib und Seele harmonisch zusammenwirken, gereicht es dem Menschen zur Freude. Um im Austausch mit der Welt ein volles Leben zu führen, sind wir als Menschen optimal "ausgestattet": "...denn die Seele ist es, die dem Menschen den Lebenshauch zusendet und dadurch den Menschen mit lebendigem Antlitz, mit Gesicht, Geschmack, Gehör, Geruch, Gefühl, herrlich begabt."

Nur über unsere Sinne können wir den Kontakt zu unserer Umwelt aufnehmen. Der liebevolle Umgang mit Menschen und Dingen und die daraus entstehende Freude gehen über die Sinne.

DIE LEBENSKRAFT DER FREUDE 79

Ich sehe es als eine äußerst wichtige Aufgabe an, unsere Erlebnisfähigkeit zu kultivieren, unsere Sinne bewußt zu schulen, um Freude zu erleben.

Auf vielerlei Weise versuchen Menschen, sich den Wunsch nach schönen, freudvollen Erlebnissen zu erfüllen. Der sicherlich schlechteste Weg besteht darin, wie es heute auf weite Strecken geschieht, möglichst viele und abwechslungsreiche Reize zu suchen. Viele gefahrene Kilometer, weite Flugreisen, zahlreiche Besichtigungen, unzählbare Fernsehsendungen, Dauerberieselung durch Musik – je mehr Reize, desto höher wird die Reizschwelle, d. h. desto weniger wird aufgenommen. Das Mehr gerinnt so zu einem "Immer-Weniger". Ein asiatisches Sprichwort sagt: "Das Wesen eines Senfkorns erfährt nicht, wer einen Wagen voller Senfkörner sieht, sondern nur der, der ein Senfkorn zerbeißt." Wenn wir wieder zu einer tieferen Erlebnisfähigkeit und damit zu mehr Freude finden wollen, müssen wir unser Leben bewußt in die Hand nehmen. Es bedarf einer geistigen Anstrengung, sich nicht nachlässig treiben zu lassen, sondern bewußt auch einem Trend standzuhalten. Dabei soll sich unser Bemühen in richtiger Ausgewogenheit, im rechten Maß vollziehen:

"Sinn dieser Anweisungen ist nicht, den Menschen Beschwerlichkeiten spüren zu lassen, vielmehr soll er immer nur Freude empfinden. Dazu gehört freilich, daß der wechselhafte Mensch einen Halt braucht, daß er der Zucht und straffen Lebensführung bedarf."

Hildegard spricht sogar davon, daß wir uns angesichts unserer schädlichen Neigungen "Gewalt" antun sollen, damit sich unsere guten Anlagen entfalten können.

> Freude kann ich erfahren, wenn ich meine Erlebnisfähigkeit kultiviere, auf das Vielerlei verzichten kann und mich einer Sache widme:
>
> O *Eine* Blume kann mir oft mehr sagen als ein großer Strauß,
>
> O bei *einem* besinnlichen Spaziergang kann ich mehr erleben als bei einer rasanten Autofahrt,
>
> O *eine* gute Fernsehsendung anzuschauen und sie dann nachwirken zu lassen, bereichert mich innerlich.
>
> Das Vielerlei stumpft ab.

Jeder Lebensbereich soll so gestaltet werden, daß er dem Menschen Freude bereitet.

Essen und Trinken hält Leib und Seele zusammen – so sagt eine alte Volksweisheit. Darin liegt ein menschliches Grundbedürfnis. Es ist gleichzeitig aber mehr, nämlich schmackhafter Genuß und Gaumenfreude. Das ist gottgewollt. Der Geschmackssinn darf und soll uns fröhlich machen!

Hildegard vergleicht uns Menschen mit der guten Erde, die dann schöne Gewächse hervorbringt, wenn sie genügend durchfeuchtet wird. So sollen auch wir uns ausgewogen und maßvoll ernähren, damit unser Betragen fröhlich und umgänglich ist. Wer sich aber übermäßig Schmausereien oder Eßgelagen hingibt, legt damit den Grund für weitere "schändliche Fehler".

Andererseits wird der Körper auch durch unvernünftige Enthaltsamkeit geschädigt und der Mensch dadurch zornig und verdrossen. Daher Hildegards Aufruf: "In all diesen Dingen sei du die gute Erde."

Die Lebenskraft der Freude

In einer gesunden, erfrischenden Weise zeigt Hildegard auf, wie die Freude die wichtigste Richtschnur für das Mahl wird. Sie entspricht damit dem Gleichnis Jesu, der das himmlische Hochzeitsmahl als Inbegriff der Freude vorgestellt hat. Welch ein Unterschied zu dem hastig eingenommenen "fast food" oder den "drive in"-Restaurants, zu den freudlos zusammengestellten Kalorienmahlzeiten, bei denen das Kalorienzählen oft das Tischgebet ersetzt!

Nach Hildegard sollen die Speisen "zur Erquickung in rechtem Maße verteilt werden, damit es der treuen Gefolgschaft nicht an Freude der Seele ermangle". Gott hat uns die Nahrung gegeben, damit sie uns Lebenskraft verleihe. Die Freude über diese Gabe führt zum Dank an den Geber. Das ist in unserer säkularisierten Gesellschaft nicht mehr üblich. Es nehmen aber auch die Eßstörungen immer mehr zu: Magersucht und Bulimie bei Frauen, Fettleibigkeit und Übergewicht vor allem bei Männern, erhöhtes Cholesterin, erhöhte Harnsäurewerte, Bluthochdruck, Zuckerkrankheit – die Reihe könnte fortgesetzt werden. Das Essen ist zum Problem geworden. Übertriebene Fastenkuren quälen die Menschen – um danach doch alles beim alten zu lassen.

Hildegard hört, wie die Enthaltsamkeit der Schlemmerei antwortet:

> "Du stopfst deinen Bauch so voll, du Schlemmer, daß deine Adern beinahe platzen ... Wo ist da noch eine Spur vom süßen Ton der Weisheit, die Gott dem Menschen verlieh? ... Die Enthaltsamkeit nimmt aus den Menschen das Maß, auf daß ihrem Leib nichts fehle, daß er aber auch nicht zu üppig werde. Sie sagt: ... Solange der Mensch maßvoll seinen Leib pflegt, spiele ich in Fürbitte für ihn im Himmel auf der Zither; und solange sein Leib in Maßen durch die Nahrung erquickt wird, singe ich zur Harfe.
>
> Du aber, du Schlemmer, du weißt von alledem nichts ... denn einmal stürzest du dich in unangemessenes Fasten, so daß du kaum noch leben kannst, und dann stopfst du dir wieder in deiner Gefräßigkeit den Bauch so voll, daß du dabei zum Überkochen kommst und üblen Schleim erbrechen mußt (Bulimie)." (MV 88)

Hildegard warnt davor, durch unvernünftiges Fasten seinem Organismus die Grünkraft (Lebenskraft) zu entziehen; außerdem entsteht hierdurch oft Verdrossenheit und Überdruß, was schlimmer ist, als dem Körper die richtige Nahrung zu vergönnen.

In derselben Weise wird von Hildegard auch die Sexualität behandelt. Die Liebe zwischen Mann und Frau ist ein Abbild der göttlichen Liebe, und hat von daher die Kraft, neues Leben zu zeugen. Durch den Abfall des Menschen von Gott ist auch die geschlechtliche Liebe der Gefährdung ausgesetzt, indem geschlechtliche Lust in Begierde und Sucht verkommen kann.

Wirkliche Freude an der Sexualität kann demnach nur in der gottgewollten Ordnung erlebt werden. Hildegard verwendet dafür den Begriff "integritas", der vielleicht mit "Lauterkeit", "geordnete Geschlechtlichkeit", übersetzt werden könnte. Die "integritas" spricht:

"Ich besitze im Wohlklang des frohen Lebens die Freuden der Redlichkeit und Schamhaftigkeit. Das fröhliche Leben, das in mir herrscht, wird weder durch die Schmähungen der Unzucht gestört noch durch den Schmutz der Unkeuschheit besudelt ... Darum erkenne, o Mensch, was du in deiner Seele bist, der du das Gut der Erkenntnis von dir wirfst und dich auf gleiche Stufe mit den Tieren stellen willst." Auch hier gilt wieder: Unter Beachtung der göttlichen Weisung dürfen wir uns in der Übereinstimmung zwischen Leib und Seele dieser wunderbaren Liebe zwischen Mann und Frau erfreuen. Die Zeugungskraft ist "grün", verleiht uns Lebenskraft, wenn sich der Genuß der Geschlechtlichkeit der ordnenden Vernunft unterstellt. Das ist bei Hildegard nur in der bleibenden ehelichen Liebe möglich.

Freude ist die gesundmachende Kraft schlechthin. Bei Hildegard heißt es: "Hat der Mensch die Heiterkeit seines Gemütes wiedererlangt, dann kehren auch die Gefäße in ihren gesunden Zustand zurück."

Genau so wie destruktive Gefühle und Gedanken den Menschen krank machen, genau so machen Freude, Heiterkeit, Gelassenheit und die anderen "Tugenden" den Menschen gesund.

Freude ist ein Lebenselixier, das unseren Organismus aufbaut. Die verschiedenen Organe reagieren sehr empfindlich auf unsere Stimmungen, auch wenn diese Wechselwirkung noch in keiner Weise exakt naturwissenschaftlich erforscht ist. Hildegard durfte aufgrund ihrer besonderen Begabung etwas darüber erfahren. Bei ihr sind es vor allem die Leber und das Herz, die der Freude bedürfen:

> "Wenn aber das Wissen der Seele im Menschen nichts Trauriges und Widerwärtiges und Böses mehr spürt, dann vermag sich das Herz der Menschen der wahren Freude zu öffnen, so wie sich Blumen vor der Wärme der Sonne auftun; alsbald nimmt dann die Leber die Freude auf und hält sie bei sich, so wie der Magen die Speisen hält ..."

DIE LEBENSKRAFT DER FREUDE

Es ist offensichtlich für uns Menschen nicht einfach, unser Herz der Freude zu öffnen, da die Widerwärtigkeiten, das Beschwerliche, Böse, Leidvolle uns ständig bedrohen. In Zeiten der Niedergeschlagenheit und der mangelnden Lebenskraft sind unsere Außenkontakte oft sehr eingeschränkt; wir machen "dicht". Ein bedenkenswerter Satz lautet: Wenn es in dir dunkel ist, so schaue nach, ob deine Läden geschlossen sind.

Wir brauchen eine bewußte, positive Einstellung, um uns dem Zug zum Dunklen, zur Resignation, zur Verzweiflung zu entziehen. Hildegard zeigt hierfür die verschiedensten Möglichkeiten auf. Ganz wichtig ist die liebende Zuwendung zu allem Geschaffenen: sie kann die Verhärtung des Herzens verhindern und aufbrechen. Wir erleben heute zum Glück neben dem Nützlichkeits- und Zweckdenken auch eine starke Gegenbewegung, die uns zum Schutz und zum sanften Umgang mit der Pflanzen- und Tierwelt auffordert, zum Mitfühlen und nicht zum egoistischen Benützen. Auch Hildegard lebte im Gespräch mit der Natur, sie hatte für alles Lebendige ein Auge, ein Ohr, ein Herz. Diese Zuneigung wird von den Elementen erwidert:

Die Lebenskraft der Freude

"Und sie neigten sich dem Menschen zu in all seinem Handeln und wirkten mit ihm und er mit ihnen. Da gab die Erde ihre Grüne nach Art und Natur und Charakter und jeglicher Eigenschaft des Menschen. So tut die Erde in ihren nützlichen Kräutern die Beschaffenheit der geistigen Anlagen des Menschen bezeichnend kund. In ihren unnützen Kräutern aber offenbart sie seine unnützen und teuflischen Anlagen."

Uns wird also in der Natur ein Spiegel vorgehalten, in den wir offenen Auges sehen sollten. Wir erfahren auch durch moderne Untersuchungen, daß z. B. Blumen reagieren, wenn ein Mensch den Raum betritt: daß sie verwelken, wenn ein Mensch mit bösen Gedanken in ihrer Umgebung weilt.

Viele Geschöpfe lieben den Menschen, "deshalb drängen sie sich häufig an ihn heran und hangen ihm an mit großer Liebe. Auch der Mensch hat ein natürliches Verlangen nach der Kreatur, zu der er in Liebe brennt; oft und gern sucht er die Natur auf." Viel Lebenskraft kommt uns in besonderer Weise auch durch die Tiere zu. Für wieviel einsame Menschen ist ihr Wellensittich oder Kanarienvogel ein Seelentröster. Tiere sind sehr mitfühlend und werden deshalb auch als Therapeutikum verordnet. Dem Menschen am nächsten steht der Hund, über den Hildegard folgendes sagt:

Die Lebenskraft der Freude

> "... von Natur aus hat er viel Gemeinsames mit dem Menschen, und daher spürt und versteht er den Menschen und liebt ihn und verweilt gern bei ihm.... Und der Hund merkt Gehässigkeit und Zorn und Unredlichkeit im Menschen und knurrt ihn (deshalb) an. Und wenn er merkt, daß in einem Hause Haß und Zorn ist, dann knurrt er dort und bei sich selbst verdrossen und grimmig. Wenn ein Mensch mit Verrat umgeht, dann zeigt ihm der Hund die Zähne, auch wenn jener Mensch ihm schöntut, weil er das beim Menschen spürt und erkennt."
>
> (PH 475, 476)

Dem Menschen ist die Natur unterworfen, und er kann die Anhänglichkeit der Geschöpfe mißbrauchen. Und er tut es häufig in unverantwortlicher Weise, wie z. B. in der Massentierhaltung oder bei Tierversuchen. Weder Pharmazie noch Medizin hätten diese Tierquälerei nötig, wenn sich mehr Menschen der von Hildegard von Bingen empfohlenen Lebensweise anschließen würden.

Die geschundene Kreatur kann dem Menschen keine Lebenskraft mehr vermitteln. So kann ich mir z. B. nicht vorstellen, daß ein Hähnchen, das in einem engen Käfig ohne Bewegung, mit verkrüppelten Gliedmaßen, sein Futter vom Fließband picken muß, in diesem leidvollen Dasein gesundes Fleisch aufbauen könnte. Wenn der Mensch die Geschöpfe quält, nimmt er sich selbst eine wesentliche Quelle der Lebenskraft, nämlich die Fähigkeit, in seinem Herzen von der Freude angerührt zu werden. Er verfällt dem Stumpfsinn und der Herzenshärte, die zu jenen Lastern gehören, die "die Seele morden und sie in Trümmern und Verderben zurücklassen." Über die Herzenshärte sagt Hildegard:

> "Herzenshärte ist das Schändlichste von allem, weil sie keine Barmherzigkeit kennt, nichts von Liebe wissen will und weil sie nichts Gutes wirken kann."

Die Barmherzigkeit aber spricht:

> "Die Blumen mit ihren Blüten schenken anderen Blumen den Duft; ein Stein verleiht dem anderen Glanz; und jeder Teil der Schöpfung zeigt durch seinen Zusammenhang eine Art von liebender Umarmung. Ich aber bin in Luft und Tau und in aller Grünkraft ein äußerst mildes Heilkraut: mein Herz ist ganz erfüllt, jedem und jedem Hilfe anzubieten ... Mit liebenden Augen berücksichtige ich alle Lebenserfordernisse und fühle mich ihnen allen verbunden. Allen Gebrechlichen bringe ich die Genesung wieder. So bin ich eine Salbe der Schmerzen."
>
> (MV 34)

Die Barmherzigkeit – ich möchte das Wort Barmherzigkeit gerne mit "Warmherzigkeit" übersetzen – ist die Gegenspielerin der Hartherzigkeit: Sie ist eine "heilkräftige Salbe für alle Schmerzen". Sie ist der Mutterboden für alle Freude und damit für alle Genesung. Das warmherzige Mitfühlen bewirkt manchmal mehr als ein Medikament. Dies drückt sich auch aus in einem Leitwort für ärztliches Tun: Immer trösten, oft lindern, manchmal heilen.

> Ich öffne mein Herz der Freude, wenn ich einen warmherzigen Umgang mit meiner Umwelt pflege:
> - Ich suche mit meinen Augen schöne Dinge, um mich daran zu freuen.
> - Ich schenke dem Menschen, der mir begegnet, ein freundliches Lächeln.
> - Ich streichle ein Kätzchen, das am Wege sitzt.
>
> Der liebende Umgang mit allem Geschaffenen erwärmt mich innerlich.

Im Anteilnehmen habe ich meine Sinne geöffnet, stehe im Austausch mit anderen Wesen, der Klang meines Lebens vermischt sich mit anderen Klängen, und es kann einen reichen Akkord geben. Allerdings ist die Freude durchaus kein selbstverständlicher Begleiter meines Lebens. Durch das Öffnen der Sinne erfahre ich nicht nur Harmonie, sondern auch Dissonanz, erlebe als Gegenpol der Freude auch die Traurigkeit. Sie kommt über mich, will aus gehalten werden. Sie ist aber auch die treibende Kraft, um auf bewußt begangenen Wegen wieder zur Freude durchzustoßen.

So kennt Hildegard auch die Traurigkeit, die der Mensch seinem eigenen Tun zuzuschreiben hat. Wenn ich gegen meine bessere Einsicht etwas tue, wenn der Beweggrund meines Tuns nicht die Liebe ist, werde ich mit Traurigkeit erfüllt: "Es ist gänzlich ausgeschlossen, eine Schlechtigkeit mit Freude auszuführen." Wir können dann wohl eine gewisse Lustigkeit zur Schau tragen, aber zutiefst bewegen uns der Weltschmerz, die Schwermut und so gar die Verzweiflung am eigenen Wesen und an Gott. Es ist jene Haltung, die in der ganzen Welt nichts Gutes mehr findet, die Schwarzseherei und Nörgelrei, die sich selbst und anderen das Leben nicht gönnt.

Hildegard hört, wie die "Himmlische Freude" zu diesem Weltschmerz spricht: "O, du bist blind und dumm! Gott schuf den Menschen als ein lichtes Wesen, aber wegen seiner Untreue führte ihn die Schlange in diesen See des Elends. Doch blicke nur einmal auf zu Sonne und Mond und zu den Sternen; schau dir doch an die ganze Pracht des irdischen Grünens, und bedenke nur einmal, welches Glück Gott mit all den Dingen dem Menschen schenkt, während dieser doch immer wieder in seiner Verwegenheit gegen Gott frevelt ... Wer gibt dir denn all diese leuchtenden und herrlichen Gaben, wenn nicht Gott? Eilt dir der Tag entgegen, so nennst du das Nacht. Steht das Glück vor der Tür, so sprichst du von Fluch ... Ich aber besitze hier schon die himmlische Heimat, da ich alles, was Gott erschuf, mit rechten Augen ansehe, während du nur von schädlichen Dingen sprichst. Ich nehme die Blüten der Rosen und Lilien und die ganze Grünheit zärtlich ans Herz, indem ich allen Gottes-Werken ein Lob singe ..." (MV 228)

Meditation: Das Hören

"Durch das Hören der Ohren
wird das Innere des Menschen erschüttert."

Ich werde in meinem Inneren erschüttert von dem, was ich höre.
Mein Ohr ist immer offen, wehrlos offen.
Ich kann es nicht schliessen wie die Augen.
Ich muß sehr wohl abwägen, was ich hören will.
Es kann mich aus dem Gleichgewicht bringen.

"Auch dringen über das Hören Gesundheit und Krankheit in einen Menschen ein, sei es, daß das Gehör durch Glück in der Freude übermäßig beunruhigt oder durch Widriges zu sehr in Traurigkeit gestürzt wird."

Was muß ich da hören? – Muß ich wirklich?
Neuigkeiten reizen mich: muß ich hören?
Ich kann abschalten, kann mich entziehen,
kann mich entfernen.
Ich wähle aufbauende Gespräche, harmonische Musik,
Ich wähle das, was mich aufbaut und froh macht.

Ich will nichts mehr hören –
damit ich wieder hören kann.
Mein Ohr soll aufatmen in der Stille.
Ich möchte wieder hören können
den Gesang eines Vogels, das Rauschen der Wellen,
das Plätschern der Quelle, das Lachen eines Kindes.

Ich will mich in Schwingung bringen lassen
von himmlischen Harmonien im Lobe Gottes.
Sie werden meine Seele heilen.

Meditation: Das Sehen

"O, ihr überaus schönen Gestalten der Menschen,
warum schlaft ihr denn in eurer Nachlässigkeit,
wo euch Gott mit solch grosser Herrlichkeit ausgestattet hat?"

Schlafe ich denn? – Habe ich meine Augen geschlossen?
Oder sehe ich? – Was sehe ich?
Meinen Arbeitstisch, die Straße,
die Waren im Kaufhaus, die Preise?
Oder sehe ich –
die Menschen, die mir begegnen, fröhlich oder bedrückt,
Kinder, die mich anlächeln, ein Tier, das ich streichle,
einen Vogel der singt, einen Baum, der in den Himmel ragt?

"Die Augen, die so vieles erblicken, weisen auf die Gestirne
am Firmament hin, die überall leuchten."

Meine Augen leuchten wie Sterne,
leuchten vor Freude – leuchten?
Leuchtende Augen?

"Du hast Augen, damit du sehen
und ringsum alles überschauen kannst.
Wo du Schmutz siehst, wasche ihn ab,
was dürr ist, lass grün werden
und sorge, daß deine Gewürze schmackhaft sind.
Wenn du keine Augen hättest, könntest du dich entschuldigen."

(WM 207)

MEDITATION

Ich habe Augen. – Wozu?

Alles überschauen, was rings um mich ist.
Sehen, wo ich gebraucht werde, wo ich Freude verbreiten kann.
Wieder sehen lernen, aus der Blindheit auftauchen.

Ich schaue den Aufgang der Sonne. – Schaue ich?
Ich halte inne – nur einen Augenblick lang.
Eine grosse menschliche Auszeichnung:
den Aufgang der Sonne zu schauen.
Ist es nur ein Naturgesetz – oder ein Grund, Gott zu loben?
Die ganze Natur hat Gott ganz und gar
um des Menschen willen erschaffen.

Ich schaue die Winde in den Lüften,
machtvoll – oder leise säuselnd, bewegend und bewegt.
Ich lasse mich bewegen. – Lasse ich mich?
Ich schaue die Erde mit ihren Wassern. – Welchen Wassern?
Den klaren, sprudelnden, erfrischenden?
Oder den kanalisierten, trägen, verschmutzten,
den Wassern, die zum Himmel stinken wegen unserer Untaten?

Ich möge erkennen,
zu welch großer Auszeichnung ich geschaffen sei...
Aber ich habe den Gott verachtet, der ohne Anfang und Ende ist,
der die ganze Natur um meinetwillen erschaffen hat,
damit ich in all dem erkenne,
zu welcher großen Auszeichnung ich geschaffen sei...

Das Gute, das ich tue, tut mir gut

Die Grünkraft der Tugenden

Das Wort "Tugenden" mag bei manchem Zeitgenossen Wider stände oder vielleicht auch nur ein müdes Lächeln hervorrufen. Die Zeiten der "ehr- und tugendsamen Jungfrau" sind doch wohl genauso Vergangenheit wie das Erkaufen des Himmels durch ein tugendsames Leben. Tugend wurde lediglich als moralisches Wohlverhalten verstanden, das den Eintritt in das Jenseits garantiert. Über diesen Fehldeutungen ist die ursprüngliche Bedeutung des Wortes jedoch in Vergessenheit geraten: Tugend kommt von taugen, tauglich sein für eine optimale Lebensbewältigung. Wir sprechen heute von positiven Einstellungen, von der Kraft des positiven Denkens.

Bei Hildegard haben diese Tugenden einerseits weit mehr Bedeutung, als nur moralischen Kategorien zu genügen: Es sind Lebenskräfte, die einen unmittelbaren Einfluß auf unseren Organismus ausüben, ihn aufbauen, heil und gesund machen. Andererseits sind die Tugenden auch mehr als nur positives Denken: ihre Zielrichtung ist nicht das Wohlbefinden des eigenen Ich, sondern das Tun des als gut Erkannten, die richtige Lebenseinstellung und Lebensführung.

In Ihrem "Buch der Lebensverdienste (liber vitae meritorum) finden wir 35 Gegensatzpaare von Tugenden und Lastern, die Hildegard von Bingen sehr lebensnah schildert. Die Tugenden sind immer Heilmittel, die den Menschen an Leib und Seele gesunden lassen.

"Wenn der Mensch die Lebenskraft der Tugenden aufgibt und sich der Dürre seiner Nachlässigkeit überläßt, so daß ihm der Lebenssaft und die Kraft guter Werke fehlen, dann beginnen auch die Kräfte seiner Seele selbst zu schwinden."

Hier fügt Hildegard von Bingen der psychosomatischen Betrachtungsweise eine wesentliche Dimension hinzu: Unsere sittliche Einstellung und das daraus entspringende Handeln haben eine direkte Einwirkung auf unser Befinden, auf Gesundheit und Krankheit. Das ist eine ungewohnte Sichtweise – wie wir es öfter bei Hildegard antreffen. Unsere heutigen Wissenschaften der Theologie, Psychologie und Medizin, in ihren Disziplinen streng voneinander getrennt, fällt es schwer, eine derart "fächerübergreifende" Aussage zu machen. Doch in kaum einer Betrachtungsweise kommt die Ganzheitlichkeit hildegardischer Heilkunde besser zum Ausdruck als in der Erkenntnis, daß uns die Tugenden Lebenskraft verleihen und damit Gesundheit verleihen.

Als Grundeinstellung wird von Hildegard das Wohlwollen genannt, eine positive, liebende Beziehung zur Umwelt, zu mir selbst und zu Gott:

> "Seid wie der Tag, der vom niederfallenden Tau in der Frühe berührt und nachher zu sanfter Kühle gemildert wird. So sollt ihr alles unterscheiden und in rechter Weise für das sorgen, was für euch und für andere gut ist ..."

Die Gabe der Unterscheidung – die discretio – wacht darüber, daß wir in rechter Weise für unsere eigenen Bedürfnisse und für das Wohl der anderen sorgen können. Die Tugend der "discretio" beinhaltet die Einhaltung des richtigen Maßes in allen Lebensbereichen.

Es ist jedem Menschen aus seiner eigenen Lebenserfahrung bekannt, daß Unmäßigkeit auch nur in einem Lebensbereich schwere, auch gesundheitliche Folgen haben kann – nicht nur, wenn es sich um Alkohol handelt. Voraussetzung für ein gesundes, erfülltes, aktives Leben ist, sein eigenes Maß in den verschiedensten Lebensbereichen zu finden, unterscheiden zu lernen, was für mich gut und zuträglich ist. So wacht die Unterscheidungskraft über die Lebenskraft unserer Seele:

> "... denn die Seele liebt in allen Dingen das Diskrete. Sooft auch immer der menschliche Leib indiskret ißt oder trinkt oder sich anderweitig Indiskretionen' erlaubt, zerreißt er die seelischen Kräfte. All dieses soll nämlich immer mit guter Unterscheidung getan werden, da wir ja nicht im Himmel leben."

Hildegard zeigt damit in ihrer Heilkunde einen vernünftigen, gangbaren, von Einseitigkeiten und Verstiegenheiten freien Weg auf. Wir haben aufgrund unserer Vernunft die Möglichkeit einer gesunden Lebensführung – wenn wir auch oft gegen die bessere Einsicht handeln.

Die richtige Maßhaltung gilt für alle Lebensbereiche, für Essen und Trinken, Schlafen und Wachen, Bewegung und Ruhe, Arbeit und Gebet.

> "Wenn einer viel und übermäßig schläft, bekommt er vielerlei und üble Fieberzustände, auch kann ihn eine Trübung der Augen befallen, weil seine Augen viel zu lange geschlossen waren; so kann er sich auch eine Trübung an den Augen zuziehen, wenn er zu lange in die strahlende Sonne schaut. Wer jedoch mit Maß schläft, wird gesund bleiben.

> Wer aber lang und übermäßig wach bleibt, der verfällt körperlich einem Schwächezustand, verliert seine Kräfte und wird in seiner ganzen Stimmungslage ausgelaugt; das Gewebe um seine Augen leidet, wird gerötet und wölbt sich vor. Gleichwohl schädigt er seine Sehschärfe, die Pupille und das Sehvermögen nur unerheblich. Wer aber mit Maß wacht, der wird die Gesundheit des Leibes behalten." (H 116)

Leider haben wir uns in unserer Industriewelt mit ihren Leistungs- und Produktionszwängen auf weite Strecken hin die Möglichkeit genommen, im natürlichen Rhythmus zu leben. Ein Beispiel hier für ist auch die Nachtarbeit, die wegen höherer Entlohnung und Produktivität erkämpft wurde.

Das richtige Maß beim Essen und Trinken entspringt der Liebe der Seele zu ihrem Leib, da die Speisen zur Erquickung des Menschen und zu seiner Freude dienen sollen. Die Speisen sollen schmackhaft und bekömmlich sein.

So warnt Hildegard einerseits vor zu üppigen Mahlzeiten, vor dem Vielerlei, vor den Reizmitteln und vor dem starken Weintrinken, "das die Geilheit aufregt", andererseits aber auch vor übertriebener Enthaltsamkeit und unvernünftigem Fasten. Sie schreibt dazu:

> "Trockener Sand ist zu nichts nütze. Und die Erde gibt keine Frucht, wenn sie durch den Pflug zu stark zerbröckelt wird. Aus dürrem Felsboden sprießen nur Dornen und lauter unnützes Kraut. Genauso richtet unvernünftige Enthaltsamkeit das Fleisch eines Menschen zugrunde, weil ihm nicht die Grünkraft einer rechten Ernährung vergönnt wird. Davon dörrt der Mensch aus. Zu strenge Enthaltsamkeit entzieht auch dem Tugendleben die Grünkraft; nur ein windiger, nichtsnutziger Ruf wächst auf, als seien solche Leute heilig und sind es doch gar nicht. Oftmals sehe ich, wie ein Mensch seinen Leib durch allzugroße Enthaltsamkeit niederhält und wie dann doch nur der Überdruß in ihm aufsteht; solcher Verdrossenheit aber gesellen sich mehr Fehler zu, als wenn er seinem Körper die rechte Nahrung gegönnt hätte."

So stehen nach Hildegard alle extremen Diät- und Fastenkuren im Verdacht, nicht das Wohl des Menschen im Auge zu haben. Fasten findet sich bei Hildegard nur als Bußübung, um sich aus der Verstrickung in ein Laster zu lösen und wieder frei zu werden für das Gute – nicht um sich in einer selbstzerstörerischen und gewaltsamen Askese zu kasteien! Außerdem besteht bei sehr strengem Fasten auch die Gefahr des Hochmuts, da schließlich nicht jeder so eine gewaltige sittliche Anstrengung

DAS GUTE, DAS ICH TUE, TUT MIR GUT

vorweisen kann. Für den Fall einer großen Traurigkeit rät die mütterliche Fürsorge: "... dann soll der Mensch tüchtig von den ihm bekömmlichen Speisen verzehren, damit er durch die Nahrung neu belebt wird, weil die Traurigkeit ihn ja so bekümmert ..." Dies entspricht den Erkenntnissen der modernen Psychotherapie, daß ein Mensch mit Neigung zu depressiven Verstimmungen nicht fasten soll.

Wir spüren bei all diesen Anweisungen, daß es nicht darum geht, dem Menschen beschwerliche Lasten aufzuladen, sondern ihm Wege zu zeigen, wie er Freude erleben kann. Das gleiche gilt für das Verhältnis von Arbeit und Gebet, von Bewegung und Ruhe, von Zerstreuung und Stille. Eine heute vielfach zitierte Krankheitsursache ist der "Streß", vor allem bei Herzinfarkten, Bluthochdruck, Schlaflosigkeit, vielen nervösen Störungen usw. Es ist hier nicht der Platz, um das Phänomen "Streß" wissenschaftlich zu durchleuchten, aber es dürfte der Ort sein, um eine Besinnung darüber anzuregen, in wie vielen Bereichen die gute Maßhaltung sträflich vernachlässigt wurde. Hildegard vermerkt, daß es in keinem Bereich über die natürliche Ermüdung hinaus bis zur Erschöpfung kommen dürfe, da die Folge davon Ekel und Überdruß ist.

Ganz sicher kommen im modernen Lebensstil die Zeiten der Ruhe, der Besinnung und des Gebetes zu kurz. Eine falsche Gewichtung, eine Destabilisierung des Lebens und damit eine erhöhte Krankheitsanfälligkeit des Menschen sind die Folgen. Unsere Arbeitstätigkeit ist heute nicht mehr unbedingt mit körperlicher Bewegung verbunden, in der Freizeit sind wir oft ohne Bewegung beim Autofahren, Fernsehen, Badeurlaub usw. Ohne das notwendige Maß an Bewegung werden wir nicht nur übergewichtig, sondern auch träge und krank an unserem ganzen Organismus.

Ich denke, daß es dem heutigen Menschen besonders schwerfällt, angesichts der vielfältigen Erlebnis- und Genußmöglichkeiten, der durchgängig geltenden Lebensphilosophie, die "etwas vom Leben haben will", die Maßhaltung zu üben, gut und klug auszuwählen und den Wert und Sinn seines Lebens selbst zu durchdenken. Hildegard hört die "Ausschweifung" sprechen:

> "In mir selber finde ich das süße Leben, und schön ist der Weg, den ich wandle. Warum sollte ich enthaltsam sein? Grad das Leben nämlich, zu dem ich geschaffen ward, hat Gott mir geschenkt. Was soll's auch, wenn mein Fleisch der Lust nur lebt? ...Viele merken nicht einmal, was sie so treiben. Ich aber weiß genau, was ich von diesem Dasein zu halten habe. Und ich begehre nichts weiter, als mein Leben zu leben!"
> (MV 36)

Ich bin immer wieder erstaunt, wie lebensnah die Aussagen der "Laster" sind, wie gut sich die – nach Hildegard von Bingen – menschenzerstörende Einstellung der Ausschweifung zu verteidigen weiß. Ihr antwortet die "Sehnsucht nach Gott" mit einer Stimme aus der Sturmwolke:

❍ Esse und trinke ich maßvoll und mit Freude, nicht zu vielerlei und nicht zu häufig?

❍ Gehe ich rechtzeitig zu Bett, wie es das Ziel eines Weisen ist, um vor Aufgang der Sonne aufzustehen?

❍ Denke ich daran, daß ich Füße habe, um zu gehen? Bewege ich mich genügend?

Das Gute, das ich tue, tut mir gut

○ Ist meine Arbeit meinen Kräften angemessen, so daß ich weder in Untätigkeit erlahme noch bis zur Erschöpfung arbeite?

○ Sieht mein Tagesablauf auch Zeiten der Ruhe, der Stille und der Besinnung vor, in denen ich in Meditation und Gebet wieder zu mir selbst und zu Gott finden kann?

Wir sehen also, daß es bei der rechten Unterscheidung nicht nur um ein Mehr oder Weniger geht, sondern daß es sich auch darum handelt, wofür ich mich entscheide, welchen Inhalt und Sinn ich meinem Leben gebe. Wir haben die Möglichkeit, unser rechtes Maß zu erkennen und richtig zu unterscheiden durch unseren Verstand; die Entscheidung für das rechte Tun ist durch unseren freien Willen möglich. Wie häufig erleben wir aber, daß uns dies nicht gelingt.

Wir sind schwache, gefährdete, in die Gottesferne gefallene Menschen, die in einer bewußten Zuwendung zu Gott seine Hilfe erbitten müssen.

Hildegard sieht das in einem Bild: Die Gestalt der "discretio" trägt eine schwarze Tunika: "Auf ihrer rechten Schulter erschien ein mäßig großes Kreuz mit dem Bilde Jesu Christi." Des weiteren sieht sie, wie sich ein wunderbar heller Glanz auf die Brust der Gestalt ergießt: "Das ist die zündende Kraft der göttlichen Güte, die aus der helleuchtenden Wolke der göttlichen Barmherzigkeit in die Geister weht, Unterscheidung in ihnen wirkt und sie erleuchtet."

Wir sind also mit unserer sittlichen Anstrengung um das rechte Tun, um eine aufbauende Lebensführung, nicht allein gelassen. Auch das gehört zur Ganzheit hildegardischer Heilkunde: Unser Geist ist beheimatet in der Welt des göttlichen Geistes, ohne dessen Kraft unsere Anstrengung kraftlos ist.

Wenn auf der rechten Schulter der Diskretion – rechts ist die Seite des aktiven Tuns, des Kämpfens für das Gute – das Kreuz mit dem Bilde Jesu Christi erscheint, so heißt das, daß durch Leben, Tod und Auferstehung Christi die "zündende Kraft der göttlichen Güte" auf uns ausströmte. Er hat es uns nicht nur vorgelebt, wie das Leben in der rechten Unterscheidung der Geister zu führen sei, sondern hat uns auch den göttlichen Kraftquell erschlossen, der uns stärkt.

Im täglichen Kampf um eine richtige Lebensführung spüren wir, wie sehr wir gefährdet sind, wie oft wir an unserer Schwachheit scheitern. Ohne göttliche Hilfe kommen wir nicht weiter.

In diesem Sinne beinhaltet die Tugend der Diskretion auch das Sich-Bescheiden auf die Grenzen unserer Erkenntnisfähigkeit. Hildegard warnt davor, mehr wissen und tun zu wollen, als uns von Gott zugedacht ist. Wir dürfen uns nicht göttlicher Geheimnisse bemächtigen, weder durch okkulte oder magische Praktiken noch durch wissenschaftliche oder technische Eingriffe, die sich die Bestimmung über Leben oder Tod anmaßen: "Auch die im eigenen Inneren sich vollziehenden himmlischen Geheimnisse dürfen sie (die Menschen) nicht verwegen untersuchen ..., sondern sollen in der Kraft der Diskretion alle ihre Taten wohl und richtig abwägen."

Wohl und richtig abwägen – das ist die Kunst der rechten Unterscheidung. Diskretion. Ein Zuviel an Mühsal und Bedrückung ist genauso schädlich wie ein Vielerlei an Speise und Trank. Es ist weder zuträglich noch verdienstvoll, sich für eine Aufgabe oder für andere Menschen aufzuzehren, d. h. zugrunde zu richten.

Die Folgen eines Zuviel an Mühsal genauso wie am Vielerlei sind eine "erschütterte und ermüdete Seele, so daß sie ihre Lebensregungen in gewissem Grade einstellt. So geraten die schädlichen Säfte im Organismus in Bewegung und lassen die Fieberzustände anwachsen ... das Blut nimmt ab (Anämie?), und die Eingeweide und andere innere Organe trocknen aus, indes die innere Kälte im Organismus zurückbleibt."

Fehlen von Diskretion macht den Menschen krank. Hildegard beschreibt Fieberzustände, Blutarmut, Eingeweidekrankheiten, allgemeinen Schwächezustand. Durch das Schwitzen werden die in Aufruhr gekommenen Säfte herausgetrieben. Solange ich diese und andere Krankheitssymptome nur auf der Körperebene behandle, werde ich keine wirkliche Heilung herbeiführen. Der Rückschlag ist vorprogrammiert. Erst wenn ich die Botschaft der Krankheit verstanden habe – du hast dir zu viel aufgeladen, du hast deine Kräfte überschätzt und überlastet, werde ich wieder auf die Füße kommen.

Nach Hildegard von Bingen können wir mit Hilfe der Tugenden zu einer "königlichen Lebensführung" finden. Dabei ist die Diskretion bei Hildegard die "Mutter aller Tugenden", aus der alle anderen erwachsen können. Sie ermahnt uns:

> "Hüte dich, höher hinaufzusteigen als deine Kraft zu tragen vermag. In all deinen Unternehmungen umfange vielmehr die Maßhaltung, damit du von ihr durch alles hindurchgeführt wirst und nicht etwa zu Fall kommst."

Die Maßhaltung ist die Mutter aller Tugenden, die Demut ist die Königin – Demut als Anerkennung meiner Geschöpflichkeit und Abhängigkeit von Gott – und die Liebe ist der Kern und die Triebfeder aller Tugenden: "Je mehr der Mensch durch wahre Selbstzucht die Herrschaft über sich erlangt, desto bereiter neigt er sich in barmherziger Liebe dem hilfsbedürftigen Nächsten zu."

Hildegard hört die Liebe sprechen: "Ich bin aller Grüne ein milder Hauch, indem ich Blüte und Frucht aller Tugendkraft hervorbringe und sie in den Gesinnungen der Menschen festlege und aufbaue." Die Liebe macht wachsen und grünen, läßt Frucht bringen, die nährt. Die Seele, ein Geisthauch aus der Liebe Gottes, soll die Kräfte unseres Leibes zur Übereinstimmung bringen, damit wir die Werke des Wohlwollens ausführen können:

"Die Seele ist wie ein Wind, der über die Kräuter weht, und wie ein Tau, der auf die Gräser träufelt, und wie die Regenluft, die wachsen macht. Genau so ströme der Mensch sein Wohlwollen aus auf alle, die da Sehnsucht tragen. Ein Wind sei er, indem er den Elenden hilft, ein Tau, indem er die Verlassenen tröstet und Regenluft, indem er die Ermatteten aufrichtet und sie mit der Lehre erfüllt wie Hungernde, indem er ihnen seine Seele hingibt.

Die Liebe ist ein solcher Hauch, der alle Lebensgrüne nährt.
(MV 108)

> In der Meditation betrachten wir das Symbol des Rades, um damit über unsere Lebensführung nachzudenken – wie wir dem Laster der Unrast mit der Tugend der Maßhaltung und der Unterscheidung begegnen können, wie wir dem Rad unseres Lebens eine Ausrichtung geben können.

Meditation: Das Rad

Das Rad meines Lebens – es läuft
und läuft und läuft,
ständig getrieben, ohne Halt.

Schöne Stunden möchte ich festhalten,
Stunden der Einsamkeit ziehen sich endlos,
manchmal scheint die Zeit stillzustehen.
Und doch dreht sich das Rad meines Lebens.

Das Rad meines Lebens – läuft es auf ein Ziel zu
oder wechselt es wahllos die Richtung?

"Du mußt dich mit ganzer Herzkraft sammeln,
auf eines konzentrieren,
damit du nicht dieses dein Herz
an die Wechselhaftigkeit
rastloser Gesinnungen gewöhnst."

Das Rad meines Lebens – hat es eine Mitte?
Ich sehe auf jeden Fall viele Speichen
die in viele Richtungen zeigen.
Aber –
laufen sie auch in einer Mitte zusammen?

Die Mitte des Rades – Konzentrationspunkt
der auseinanderstrebenden Kräfte.

Meditation

Mit viel Mühe und Geduld
und mit ganzer Herzkraft
sich auf eines konzentrieren,
dem Vielerlei entgegenwirken.
Es könnte mein Rad auseinanderreißen,
meine Lebenskraft zerstören.

Mein Leben muß Ruhepunkte haben, Oasen der Stille
In Geduld die Kräfte sammeln,
immer wieder zur Mitte finden.

Die Radnabe braucht Öl,
muß sorgfältig gewartet werden.
Ruhig stellen, sich bereitwillig hinhalten,
damit der große Baumeister
heilenden Balsam hineinträufeln kann.

Ohne Pause läufst du heiß – gefährlich heiß.
Glaube nicht, daß du risikolos
dein Lebensrad strapazieren kannst!

Das Gleichmaß des Rades sichert einen guten Lauf.
Jede Unwucht bringt mich ins Schleudern.
Jede zornige Aufwallung trägt mich aus der Spur.

In ruhiger Gesinnung geduldig ausbalancieren,
nicht den Streß zur Gewohnheit machen:

MEDITATION 101

Verschiedenes anpacken,
die Kräfte überschätzen,
schnell etwas erzwingen wollen,
die anderen überflügeln:
das reißt die Speichen aus der Nabe.

Alles haben wollen, alles wissen wollen:
das Rad beginnt zu eiern, zu schlingern,
und droht, auseinanderzufallen.

Du mußt dich mit ganzer Herzkraft sammeln,
die Rastlosigkeit ablegen,
damit das Herz zur Ruhe kommt.

Das Rad meines Lebens
dreht sich in ständiger Unbeständigkeit.
Wo finde ich eine Ausrichtung, eine Stabilisierung?

Glaube mir, es ist einer,
dem ich die Führung des Rades
überlassen kann.
Er hat mein Rad gebaut,
Er weiß um seine Bestimmung und sein Ziel.
Wenn ich Ihn frage, sagt er mir,
wie die Mitte meines Lebensrades aussieht.

Ich denke um

Die lebenserneuernde Kraft der Reue

Eine Krankheit, ein Unfall, ein Leiden ist oft ein absolutes Haltesignal für die bisherige Lebensführung. Sie signalisiert mir: So geht es auf jeden Fall nicht mehr weiter. Es ist an der Zeit, die in einer Krankheit steckende Aufforderung zur Neuorientierung des Lebens zu sehen, sie nicht nur als schnell zu behebendes Übel zu betrachten, sondern als Chance, in einer verfahrenen Situation umzukehren und neu zu beginnen. Eine Krankheit, die zum Tode führt, ist vielleicht eine letzte Chance, mit sich selbst, seinen Mitmenschen und mit Gott ins Reine zu kommen. Frau Dr. Kübler-Ross spricht von "unerledigten Geschäften", die man jahrelang vor sich hergeschoben hat, wie z. B. ein versöhnendes Gespräch mit seiner Schwiegermutter, das nun endlich erledigt werden muß, denn alle Kränze auf dem Grab können einen einzigen Blumenstrauß, der zu Lebzeiten geschenkt wurde, nicht ersetzen.

Wir sind aus der Bahn geworfen, auf uns selbst zurückverwiesen. Die Krankheit ist eine Anfrage an uns: Wo stehst du? Wohin gehst du? Was treibt dich an, und welches Ziel willst du erreichen? Diese Fragestellung wird von der modernen Medizin nicht gestellt und will nicht beantwortet werden, da es ihr nur um die Behandlung des körperlichen Krankheitssymptoms geht. Alles andere fällt nicht in ihr Ressort.

Wir sahen in den bisherigen Überlegungen, daß unser seelischer Zustand und unsere sittliche Einstellung maßgeblich an der Entstehung von Krankheiten beteiligt sind. Auch bei Unfällen haben moderne Untersuchungen nachgewiesen, daß sie in den weitaus meisten Fällen nicht "zufällig" geschehen, sondern daß sie durch seelische Beeinträchtigungen, durch belastende Lebenssituationen und die dadurch bedingten eingeschränkten Reaktionen verursacht werden. Wer gerade eine Wut auf einen seiner Mitmenschen hat, oder wer sich über seinen Geldmangel ärgert, ist nicht voll "da", kann sich nicht auf die gegenwärtige Situation konzentrieren.

Wir können aber auch über viele Jahre hinweg ganz langsam in eine falsche Lebenshaltung "hineinschlittern", ohne daß wir es richtig wahrnehmen. Vielleicht haben wir uns angewöhnt, durch kleine Notlügen unsere Situation zu beschönigen. Unmerklich gerieten wir in eine verlogene Haltung hinein. Oder wir neigen zum Gaumengenuß. Es ist in unserer Überflußgesellschaft ein leichtes, zum Schlemmer zu werden, für den sein Bauch der Gott ist. Viele Zivilisationskrankheiten wie Zuckerkrankheit, Rheuma, Bluthochdruck u. ä. sind die Quittung für dieses "Laster".

Ein Mann wurde von seinem Bruder auf hinterhältige Weise um sein Erbe betrogen. Bevor er es merkte, war es schon geschehen. Da erfaßte ihn ein Haß auf seinen Bruder, der ihm das ganze Leben vergällte. Nach einiger Zeit wurde er schwer krank und starb bereits im besten Mannesalter. Das Böse, das ihm angetan wurde, hat Böses in ihm erzeugt. Er wurde schuldig durch seinen Haß, der ihn schließlich vernichtete.

Wir laden tagtäglich Schuld auf uns, in großen und kleinen Dingen, bleiben hinter unseren guten Möglichkeiten zurück. Wir wollen das heute nicht mehr wahrhaben, sind empfindlich geworden gegenüber der Tatsache von Schuld und Sünde; es wird davon gesprochen, daß man den Menschen keine Schuldgefühle machen dürfe. Bestenfalls wird von Schwäche, Fehlhaltungen und Versagen gesprochen.

Damit sind wir aber blind geworden gegenüber der Möglichkeit des Menschen, durch ein böses Tun Schuld auf sich zu laden. Hildegard von Bingen erinnerte durchgängig daran, daß der Mensch verantwortlich ist für sein Tun und dafür auch die Folgen zu tragen hat. Das Tun des Bösen, von Hildegard "Laster" genannt, verwundet nicht nur den anderen Menschen und die Natur, sondern zerstört vor allem den Menschen selbst, der das Böse tut, von innen heraus und mordet seine Seele.

Sie zählt an krankmachenden Lastern u. a. folgende auf: Herzenshärte, freche Ausgelassenheit, Vergnügungssucht, Feigheit, Zorn, der bis zum Mord führen kann, Stolz, Schlemmerei, Wollust, Lüge, Verzweiflung, Schwermut, Streitsucht, Hochmut, Mißgunst, Ruhmsucht, Ungerechtigkeit, Stumpfsinn, Verdrossenheit, Habsucht, Spottsucht, Geiz, Gottlosigkeit.

Sobald ich wahrnehme, daß ich in einer solchen lebentötenden Haltung gefangen bin, spüre ich ein tiefes inneres Leiden. Ich bin zutiefst erschüttert über mich selbst, daß es so weit mit mir kommen konnte. Ich spüre, wie es mir täglich schlechter geht und meine Lebenskraft nachläßt. Es können bedrohliche Anzeichen auftreten wie Schlaflosigkeit, Gereiztheit, erhöhter Medikamentenverbrauch, starker Alkoholkonsum, Umtriebigkeit und Unrast. Körperliche Schmerzen und Krankheiten zwingen mich zur Untätigkeit und geben mir die Möglichkeit, auf mich selbst zurückzubesinnen.

Häufig wird in solchen Situationen ein "Sündenbock" gesucht, um sich selbst nicht hinterfragen zu müssen. In dem Augenblick aber, in dem ich über einen anderen urteile, oder gar ihn verurteile, füge ich meinen "Lastern" ein weiteres hinzu: die Überheblichkeit und den Stolz.

104 ICH DENKE UM

Der einzige Weg der inneren und äußeren Heilung geht über die Erschütterung, über die Reue und die Umkehr. Hildegard spricht immer wieder davon, wieviel Lebenskraft und neue Lebensfrische von der Reue ausgeht.

Eine Geschichte, die das wunderschön erzählt, hat uns Jesus in der Parabel vom verlorenen und wiedergefundenen Sohn geschenkt. Ich meine, es ist eine Geschichte, in die sich jeder von uns einfühlen und sich – wenn auch unter veränderten äußeren Umständen – wiederfinden kann.

Das Gleichnis vom verlorenen Sohn

nach Lukas 15, 11-32

Der Sohn verschleudert seinen Erbteil, den er vom Vater herausgefordert hat, in einem ausschweifenden Leben, bis er alles vertan hat. In einer großen Hungersnot verdingt er sich als Schweinehirt. Da besinnt er sich, daß er ein Elternhaus, einen Vater hat, kehrt heim und wird dort freudig mit offenen Armen aufgenommen.

> → Wir verstehen vielleicht, daß wir von Gott einen Erbteil erhalten haben: unser Leben, unsere Anlagen, den wunderbaren Reichtum der ganzen Schöpfung. Wir aber gehen schlecht damit um, verschleudern die vielen Güter und geraten in eine schwere Krise. Jeder von uns weiß – wenn er will –, welches Laster ihn in Lebensnot führt, ob Habgier, Ungerechtigkeit, Gottvergessenheit oder eines der anderen, die oben genannt wurden.

Der Umschlagpunkt der Geschichte findet am Schweinetrog statt, am Ort des menschenunwürdigen Lebens: Der Sohn ist wirklich am letztmöglichen Punkt seines Lebens angekommen. Er lebt in einer schrecklichen Hungersnot, er kann nicht mehr leben, so nicht mehr leben, nachdem er sein ganzes Vermögen verschleudert, mit Dirnen durchgebracht hat. Er vermag nichts mehr, nachdem er Heimat, Ehre, Würde verloren hat. Nicht einmal Schweinefutter bekommt er, um seinen Lebenshunger zu stillen.

> → Aus eigener Schuld in eine aussichtslose, lebensbedrohende Situation geraten – wer hätte da nicht Angst? Angst vor dem unausweichlichen Tod oder der Verurteilung, der Zurückweisung, dem Ausgestoßenwerden.

Ein hartes Ringen zwischen Verzweiflung und Umkehr folgt: Der Sohn geht "in sich" und entscheidet sich, zum Vater heimzukehren. "Ich will mich aufmachen und zu meinem Vater gehen."

➜ Diese Entscheidung ist nur möglich, weil er um seinen guten Vater weiß: Nur wenn das Vertrauen über die Angst siegt, ist die Umkehr in der Reue möglich.

Er legt beim Vater ein Schuldbekenntnis ab: "Ich habe gesündigt vor dem Himmel und vor dir, ich bin nicht mehr wert, dein Sohn zu heißen."

➜ Man spürt förmlich, wie es den Sohn vor Weinen schüttelt, wie er alles ungeschehen machen möchte. Wie konnte es nur so weit mit mir kommen? Das ist die Reue, die Antriebskraft zur Umkehr. Der Mensch ist dabei innerlich aber sehr zerrissen, weil er wegen seiner Mängel und wegen der Schwere seiner Verfehlungen zweifelt, ob sie ihm überhaupt vergeben werden können.

An dieser Stelle scheint es angebracht, zwei Gebete der heiligen Hildegard einzufügen, die diese Not vor Gott tragen: "Wo bin ich, wie kam ich hierher?

Wer tröstet mich in der (geistigen) Gefangenschaft? Wie kann ich diese Ketten zerreißen? Wer schaut wohl nach meinen Wunden, wer salbt sie mit Öl und erbarmt sich?

O Himmel, erhöre mein Rufen, du Erde, bebe vor Trauer mit mir! Ein Fremdling bin ich ohn' Trost und Hilfe." (G 27)

"Vater, dein Kind schreit zu dir, denn du meinst es ja gut mit ihm und es erkennt dich als Gott.

Vom Tau deines Segens trinke ich und lächle dir zu aus zerknirschtem Herzen. Noch unter Tränen freu' ich mich deiner und rufe zu dir: Gott, komm mir zu Hilfe! (G 64)

Hildegard sieht in dieser "Gotteskraft der Zerknirschung" die Chance, zum Vertrauen und zur Hoffnung auf Verzeihung durchzustoßen. Es ist die einzige Möglichkeit, ein neues Leben anzufangen. "Und so erhebt sich aus Seufzern und Tränen die grünende Lebenskraft der Reue."

Dem verlorenen Sohn widerfährt etwas, was er sich in seinen kühnsten Träumen nicht auszumalen wagte: Der Vater kommt ihm entgegen, küßt ihn, zieht ihm den Siegelring an den Finger als Zeichen der Vollmacht und veranstaltet für ihn ein Fest: "Freut euch, denn unser Sohn, der verloren war, ist wieder gekommen."

Keine Vorhaltungen, keine peinlichen Fragen, keine Verurteilung.
Wie gut, daß du wieder da bist.
In dieser überwältigenden Liebe erfaßt uns die Reue erst recht und brennt alles aus, was dieser Liebe entgegensteht. So ist die Reue eine Heilkraft, die den Menschen unter großen Mühen wieder zum Leben zurückführt:

"Die Reue wirkt im Menschen gleichsam wie eine Medizin."

Ich denke um

Mit dem Begriff der Reue ist sicher häufig leichtfertig und mißbräuchlich umgegangen worden, vor allem in der Beicht- und Bußpraxis der Kirche. Reue kommt nicht dadurch zustande, daß mir ein anderer ein schlechtes Gewissen macht, daß er mir ein Gebot vorstellt, durch dessen Übertretung ich mich schuldig gemacht habe. Reue ist auch keine bloße Absichtserklärung oder eine leicht dahingesagte Entschuldigung mit der oberflächlichen Erkenntnis, daß es ja wohl nicht ganz recht war, was ich getan habe: Es ist das tief erlittene Leid, daß ich in der Gefangenschaft eines Lasters bin, das mir die Lebensfreude und die Liebe zerstört.

> "Sooft die Seele von ihrem Leibe gezwungen wird, etwas Böses zu tun, erfüllt sie dieses Tun mit Traurigkeit."

Diese Traurigkeit ist nach Hildegard eine Frucht des Heiligen Geistes, da sie den Menschen so unter Leidensdruck setzt, daß er eine Änderung seines Lebens in Angriff nehmen muß.

> "...Die Seele aber behält dabei ihr Wissen und ihre Einsicht. Wenn sie dann bedenkt, woher sie stammt und was sie ihrem Wesen nach sein sollte, zieht sie die Seufzer tief hinein ..."

Das "Seufzen" ist für uns ein antiquierter Ausdruck, der noch am ehesten mit dem "Urschrei" in der Psychotherapie verglichen werden kann. Aus der Tiefe meiner aufgewühlten Seele bricht ein Klagelaut. Es geht mir schlecht, ich fühle mich elend – ich bin ein elender Mensch. "So hat die Seele keine Freude an der Sünde, obwohl sie dabei mit dem Körper wirkt." Und eben dieser Körper rebelliert, bereitet Schmerzen, so wie er andererseits dem Menschen "bei seinen guten Handlungen alle Süße und Milde erweist." Wenn wir vor körperlichen Schmerzen aufseufzen, sollen wir lernen, dieses Klagen als Ausdruck der Reue vor Gott zu tragen:

Statt dessen versuchen wir, den Schmerz zu betäuben, die Krankheit zu verjagen. Wir weichen gerne vor der schwierigeren Aufgabe aus.

> "Wenn ich nicht aufseufzen kann, dann ist das eben so. Wenn ich nicht weinen kann, dann macht mir das nichts aus. Alle Gnade, die Gott verleihen will, gewährt er sowieso. Warum soll ich mich so hart für etwas anstrengen, das ich doch nicht erreiche?   (MV 187)

Wem kommt dieses Ausweichen auf den bequemeren Weg nicht bekannt vor? Hildegard hört Gottes Antwort darauf:

> "Ihr verbietet eurer Seele das Sehnen und Seufzen und verhindert, daß sie Hilfe bei mir sucht ... Wer aber kann jemandem antworten,

ICH DENKE UM **109**

dessen Stimme er nicht hört? Ihr richtet ja keine Seufzer an mich. So verlangt ihr auch nichts von mir. Wer nicht in Sehnsucht zu mir auf seufzt, der hat mich vergessen. Und ich kenne ihn nicht."

Gottes Hilfe kann uns erst dann erreichen, wenn wir uns aufgemacht haben, wenn wir wie der verlorene Sohn umgekehrt sind und uns dem Vater vertrauensvoll nähern. Wir müssen uns schon die Mühe machen, unser Gewissen zu durchforschen, um reuevoll zuzugeben, daß wir dringend der Hilfe bedürfen. Wir dürfen laut schreien und weinen, und aus dieser Reue wächst uns "grüne Lebenskraft" zu: Lebenskraft durch Aufbrechen der Herzenshärte, durch Auflösen eines alten Hasses, durch Zulassen von Hoffnung in einer dunklen Verzweiflung, durch Beendigung einer ehebrecherischen Beziehung, durch Freigebigkeit in einem festgefressenen Geiz, durch die Wärme der erlebten Gegenwart Gottes in einem kalten Unglauben.

Auf diese Weise ist die Reue wirklich eine Leuchtkraft.

Fließende Tränen erleichtern das Gemüt, dörren aber das Blut des Menschen aus und schädigen sein Gewebe, wenn sie nur aus Traurigkeit vergossen werden. Anders sieht es mit den Tränen der Reue aus:

> "Wenn ein reumütiger Mensch seine Sünden beweint, dann sind solche Tränen ein Gemisch aus Trauer und Freude ... Wohl dörren auch sie das Blut ein wenig aus, verletzen die Gewebe und schwächen ... die Augen ein wenig, bis dann mit den strömenden Tränen endlich nur noch die Freude vorherrscht." (H 185)

Freude aber ist die Voraussetzung für Gesundheit und Heil. Hier kann die göttliche Hilfe ansetzen:

> "Warum wird Gott Vater genannt, wenn nicht deshalb, daß seine Kinder ihn anrufen. Unter Tränen lächle ich ihm zu und rufe: Gott, komm mir zu Hilfe. Mir antworten die Engel mit Harfenspiel und loben Gott, wenn ich zu ihm seufze. Dann gibt er mir die Speise des Lebens, weil ich ihn gebeten habe, mich nicht kraftlos zu lassen." (MV 187)

Die Tränen der Reue sind dann wie der Regen, der die Erde befeuchtet, weil sie "den ausgedörrten Leib durch die Feuchtigkeit göttlicher Gnade wieder ergrünen läßt". So erlangt der Mensch – nach Hildegard – in jedem Akt der Umkehr in Reue einen Teil seiner Ganzheit, seines vollen und integeren Menschseins zurück. Es ist hoffentlich hier klar geworden, daß sich Reue als die tiefste eigentliche Heilkraft für Leib und Seele erweist. Wir erhalten die "Speise des Lebens", werden wieder neu gestärkt und können mit frischer Kraft das Leben anpacken. Die alten Blockaden, der nagende Wurm, die "Störsender" der bösen Gedanken sind aufgelöst.

❏ Innere Freiheit erhalte ich, wenn ich aus egoistischen, zerstörerischen Haltungen aussteige und sie so sehr bereue, daß es mir innerlich weh tut.

❏ Reue kann mich aus innerer Kälte in die Wärme der erlebten Gegenwart Gottes bringen und mich von innen heraus heilen.

ICH DENKE UM

Wer den Sturm der Reue mit seinem Aufgewühltsein, den Ängsten und Hoffnungen, dem Seufzen, Weinen und Schreien durchlitten hat, wird sehr befreiend das darauffolgende Meer der Ruhe und des Friedens erleben – mit einer tiefinneren Freude und Wärme, die den ganzen Körper durchzieht. Hildegard drückt das so aus: "Hat der Mensch die Heiterkeit und den Frohsinn seines Gemütes wiedererlangt, dann kehren auch die Gefäße in ihren früheren Zustand zurück." Deutliche Heilungen sind auf diese Weise bewirkt worden.

Doch nun heißt es, einen neuen Weg zu wandeln. Eine lange gelebte, negative Haltung hat ihre Spuren, ihre Einschärfungen hinterlassen. Es bedarf oft einer gewaltigen Anstrengung, um eine Verhaltensänderung zum Guten hin herbeizuführen. Häufig sind es tiefe Wunden, die wir uns selbst mit dem Tun des Bösen beigebracht haben. Bei Hildegard wirken die eigene Mühe und die Barmherzigkeit Gottes zusammen, um den Menschen wieder heil werden zu lassen. Sie hört, wie Gott spricht:

> "Ich bin ein großer Arzt für alle Krankheiten und handle wie ein Doktor, der einen Kranken sieht, den sehr nach einer Medizin verlangt. Was bedeutet das? Wenn es eine leichte Krankheit ist, heilt er ihn mühelos; ist sie aber schwer, sagt er zum Kranken: 'Ich verlange von dir Silber und Gold. Wenn du es mir gibst, werde ich dir helfen.' So tue auch ich, o Mensch. Die kleineren Sünden tilge ich durch Seufzen, Tränen und den guten Willen der Menschen; bei schweren Verfehlungen aber sage ich: 'Mensch, tu Buße und bessere dich; dann will ich dir meine Barmherzigkeit zeigen und ewiges Leben schenken. " (SC 55)

Für Hildegard als christliche Mystikerin ist das Bußsakrament der Ort, an dem der Mensch seine Verfehlungen bekennt. Das Bekenntnis ist für den Heilungsvorgang sehr wichtig. Ich muß meine Situation in Worte fassen, denn nur dann ist sie wirklich "faßbar". Der Priester als Stellvertreter Christi kann dann aufgrund dieses reuevollen Bekenntnisses dem Menschen die Verzeihung durch Gott zusprechen. Die Heilung geschieht durch das liebevolle Angenommensein in der Barmherzigkeit Gottes.

Es sind diese zwei Komponenten, die Heilung bringen:

1. die Wunden müssen mit dem "Wein der Reue und Buße" ausgewaschen werden,

2. dann reicht Gott "das Öl der Barmherzigkeit", um sie damit zu bestreichen und Heilung zu schenken.

Ich denke um

Das Wort "Buße" ist heute schlecht zu übersetzen: Es geht um ein Gegensteuern gegen eine zerstörerische Haltung, gegen aus der Kontrolle geratene Antriebe und geistige Einstellungen. Es gilt, die "Dürre der Nachlässigkeit" durch die "Lebensgrüne der Tugenden" zu ersetzen. Die Buße soll immer in Absprache mit dem Menschen oder einem Priester, dem man seine Fehler bekannt hat, festgelegt werden.

In fast allen Fällen findet man bei Hildegard das Fasten als Bußübung, während in ihrer ganzen Ernährungslehre nur das Maßhalten, nicht aber das Fasten für eine gesunde Lebensführung empfohlen wird. Fasten setzt an unserem lebenserhaltenden Nahrungstrieb an, über ihn können wir wieder Ordnung in unsere chaotische Lebensführung bringen. Der Mensch, der seine Sünden bekannt hat, soll zusammen mit dem Priester das Maß des Fastens festlegen, da nicht jeder Mensch das gleiche Maß an Fasten verträgt. Wie wir aus den Hildegardtexten ersehen, in denen vor übermäßiger Enthaltsamkeit gewarnt wird, soll auch dieses Fasten mit Maß stattfinden. "Der Mensch soll immer die nötige Nahrung zu sich nehmen, damit er nicht "ausdörrt".

Als weitere Bußübungen sind auch das bewußte Unterlassen des Lasters und das Tun des Guten notwendig: Ein Mensch, der unter Spottsucht leidet, soll sich ein Schweigen auferlegen, wer von Habsucht geplagt wird, soll sich besonders um Freigebigkeit bemühen, wer zur Lüge neigt, soll auf die Wahrheit in seinen Worten und in seinem Tun achten, wer bequem und nachlässig ist, soll sich disziplinieren in seiner Lebensführung, Gedankenwelt usw.

> Mein Leben neu ausrichten, aktiv gegensteuern gegen eine eingefahrene Gewohnheit, eine Fehlhaltung oder gar eine Sucht – das ist es, was Buße und Umkehr meinen.
>
> ❏ Welche eingefahrenen Gewohnheiten behindern mich in meiner Lebensführung?
>
> ❏ Bin ich betriebsam, in ständiger Unrast, im Streß?
>
> ❏ Finde ich erst durch eine Krankheit eine "Zwangspause"? Bei ruhiger Überlegung gelingt es mir sicher, mich anders zu verhalten.
>
> ❏ Oder lasse ich mich treiben und packe das Notwendige nicht an? Lebensüberdruß kann die Folge sein.

ICH DENKE UM

> ❏ Wenn der Leidensdruck groß genug ist, werde ich gezwungen, mein Leben neu zu ordnen.
>
> Zu dieser inneren Reinigung und Neuorientierung ist Fasten eine ausgezeichnete Übung. Aber auch das Fasten muß im rechten Maß stattfinden. Damit verbinde ich das Gebet, um mich Gottes Führung anzuvertrauen.

Doch der zweite Punkt des Heilungsvorganges ist ebenso wichtig: das "Öl der Barmherzigkeit". Erst die liebende Zuwendung macht den Menschen heil.

Hildegard verweist immer wieder auf die Heilstat Jesu Christi, der nicht nur Liebe gelehrt und Menschen geheilt hat, sondern sein Blut für uns vergossen hat: "Erhebe deine Augen zu dem, der dich erschaffen hat und in seinem Blute reinigt. Zeige ihm deine Wunden und erbitte von ihm die Arznei ... denn Gott verschmäht die Verwundeten nicht und verachtet nicht die Schmerzen derer, die vor ihm zittern."

Wie oft aber erleben wir von Menschen eine gewisse Schadenfreude, wenn jemand nach einem sogenannten "schlechten" Leben in eine schwere Krankheit fällt, an Leib und Seele gebrochen. Sind wir nicht geneigt zu sagen, es geschehe ihm recht? Jeder Mensch, der Einsicht zeigt und über sich selbst erschüttert ist, verdient unser Mitgefühl: "Lerne die Wunden durch die Barmherzigkeit heilen, wie ja auch der höchste Arzt ein heilsames Beispiel hinterließ."

Auch die Wunden und Schmerzen unserer Brüder und Schwestern sollen wir im

> Gott neigt sich mir in Barmherzigkeit zu, wenn ich gefehlt habe.
>
> Im Glauben an Jesus Christus kann ich dies erfahren.
>
> Nach seinem Beispiel will ich mitleiden mit jenen, deren Leben verfahren ist, und sie nicht verurteilen.

Gebet vor Gott tragen – und andererseits das Wort Gottes in der Heiligen Schrift zu den Kranken bringen: "Barmherzigkeit erfordert Beten: dieses Gebet liebt Gott sehr ... und man solle die Arznei bringen mit der Sonne der Heiligen Schriften."

Ohne die Erfahrung der Güte und Barmherzigkeit könnte der Weg der Umkehr, der in der Reue begonnen und in der Buße weitergeführt wird, in Selbstvorwürfen, harten Kasteiungen und in der Aussichtslosigkeit eigenen Bemühens scheitern. Des-

ICH DENKE UM

halb werden wir von Hildegard von Bingen für uns selbst und für die anderen aufgerufen: "Salbe die Menschen mit Barmherzigkeit und Trost wie der Sohn Gottes."

Aus der eigenen Erfahrung von Verzeihung und Hilfe in schuldverhafteten Situationen ist es möglich, Barmherzigkeit und Trost weiterzugeben. Nur so kann die frohe Botschaft – das Evangelium – glaubhaft vermittelt werden.

In der Meditation übernehmen wir das Bild, das Hildegard für den reuigen Menschen verwendet: Es ist der Mond, der selbst nicht leuchtet, sondern sein Licht von der Sonne empfängt.

❏ Der Mensch ist wechselnd wie der Mond – Gott ist wie die Sonne: gleichbleibend brennend und leuchtend.

❏ Wenn der Mond dunkel ist, heißt das nicht, daß die Sonne nicht mehr scheint. Wenn der Mensch und sein Leben dunkel und umschattet sind, heißt das nicht, daß die Liebe Gottes nicht mehr vorhanden wäre.

❏ Es liegt an mir, ob ich mich der Sonne zuwende. Auf jeden Fall habe ich die Möglichkeit, umzukehren und mich der Sonne der Liebe Gottes zuzuwenden.

❏ Gönnen Sie sich einmal einen Abendspaziergang, wenn der volle Mond am klaren Himmel steht.

Ein anderes Mal sehen Sie sich den Halbmond an. Oder suchen Sie den Neumond. Betrachten Sie dazu den folgenden Text.

Meditation: Der Mond

Der Mond, rundes Gestirn
voll Lieblichkeit und Ebenmaß,
als Vollmond sanft leuchtend.
Aber er leuchtet nicht selbst,
empfängt sein Licht von der Sonne.
Er ist nur der Widerschein des Lichtes.

Der abnehmende Mond
läßt seine volle Gestalt nur erahnen,
sein Rund kann nur verschattet geschaut werden.
Das Licht erreicht ihn nicht mehr ganz,
viele Teile sind dunkel, leuchten nicht mehr.
Und doch wissen wir um seine volle Gestalt.

Auch meine Seele – ein Hauch aus Gott –
ist ihrem Wesen nach rund und ebenmäßig,
gleich wie der Mond,
sie hat das Wissen von Gut und Böse.
Ich weiß vom Guten – und bin wie der volle Mond:
voll und ganz der Güte Gottes zugekehrt.

Wie ein abnehmender Mond bin ich,
wenn ich das Gute zwar weiß, aber nicht tue –
ich bin nicht gut "in Form".
Mein wirkliches Wesen ist verdunkelt,
mein Schatten ist allen sichtbar.
Ich bleibe hinter meinen guten Möglichkeiten weit zurück.
Aber meine Form ist nicht zerstört.

In der Reue kann ich mich erneuern und umdenken.
In der Barmherzigkeit Gottes
wird mein wirkliches Wesen
wieder voll zum Leuchten kommen.

Ich bin wie der Mond – unbeständig,
einmal voll leuchtend, einmal verschattet,
aber immer mit der Möglichkeit,
zu meiner leuchtenden vollen Form zurückzukehren.

Mein Glaube macht mich lebendig
Durch die Gotteskräfte wird der Mensch immer wieder neu

Ich frage mich, wie dieser Satz wohl von den verschiedensten Zeitgenossen aufgenommen wird. Da gibt es sicher eine nicht geringe Zahl, die wohl schon häufiger von den "göttlichen Kräften des Kosmos" gehört hat, und wie man sich diese durch entsprechende Meditation und Bewußtseinserweiterung zunutze machen kann. Man könne dadurch Energie tanken, was hinwiederum Gesundheit und Wohlbefinden verschaffe.

Eine weitere große Zahl von Menschen wird mit dieser Überschrift überhaupt nichts anzufangen wissen, da Glaube und Religiosität auf weite Strecken des modernen Lebens keine Rolle mehr zu spielen scheinen.

Ich bin aber überzeugt und bekomme in meinen Seminaren dafür häufig eine Bestätigung, daß es auch heute noch relativ viele Menschen gibt, die durch ihren Glauben an den lebendigen Gott eine wesentliche Hilfe zur Bewältigung ihres Lebens erfahren haben.

Die Gotteskräfte, wie sie hier bei Hildegard von Bingen verstanden werden, sind in ihrem Kern das Gleiche wie die Tugenden: Es sind die Kräfte, die das Gute bewirken. Die entscheidende Aussage hierbei ist, daß die sog. Tugenden nicht in erster Linie vom Menschen geleistet werden, daß das Gute also nicht vorwiegend seiner Anstrengung zuzuschreiben ist. Er kann es vielmehr nur vollbringen, wenn die großen geistigen Kräfte, die Streiter Gottes, es in ihm bewirken können.

Die Voraussetzung hierfür ist der Glaube an diese ewige geistige Allmacht, die – nach christlichem Verständnis – uns in Jesus Christus begegnet ist.

Die Glaubensfrage ist immer eine Frage nach dem Sinn des Lebens. Das ist die Kernfrage unserer Existenz. Wo sie verneint wird, zerfällt das Leben. Letztlich stellt sich die Sinnfrage angesichts der Begrenztheit unseres Lebens, da nichts so sicher ist wie der Tod – "todsicher".

Kein Mensch kann sich der Einsicht verschließen, daß die verschiedenen innerweltlichen sinngebenden Dinge wie eine erfüllende Aufgabe, ein geliebter Mensch, Ehre und Ruhm, Besitz und Einfluß, oft über Nacht in ein Nichts zerrinnen. Die Lebenskraft, die ich in sie investiert habe, schwindet mit ihnen dahin; Krankheit und Tod überfallen den Menschen.

Mein Glaube macht mich lebendig

Auf der Suche nach dem Sinn, der überdauert, stoßen wir an die Grenzen unserer erfahrbaren Welt. Wir suchen nach einer Wesenheit, die uns übersteigt. Das Bewußtsein um eine überweltliche Macht ist nicht aus dem Menschen auszurotten, auch wenn öfter schon der "Tod Gottes" proklamiert wurde. In unserer säkularisierten, liberalen Gesellschaft gilt es häufig als rückständig und unwissenschaftlich, noch an Gott zu glauben.

Wir sehen aber, wie trotz zunehmenden Wohlstands und Fortschritts nicht nur die natürlichen Lebensgrundlagen durch die ökologische Krise immer mehr in Gefahr geraten, sondern die Menschen selbst krankheitsanfällig, von Ängsten geplagt, freudlos und zunehmend depressiv werden. Sind wir heute nicht vielfach auf der Flucht vor uns selbst, auf der Suche nach Sinn und Glück? Wir fliehen mit dem Auto, fliehen in die Scheinwelt der Medien; durch Medikamente, Alkohol und Drogen, durch Okkultismus und Magie suchen viele Menschen den Schwierigkeiten des Lebens zu entfliehen. Fehlt hier die Rückbindung an ein Größeres, das mir geistigen Halt und Sinn geben kann? Dieses Größere nennen wir Gott, den Ursprung unseres Lebens. Als Christen glauben wir mit Hildegard von Bingen, daß dieser Gott in Jesus Christus Mensch wurde, daß wir in seinem Wort das Wort Gottes hören, und daß er durch seinen Tod und seine Auferstehung einen neuen Zugang zum göttlichen Leben erschlossen hat.

Der Akt des Glaubens ist von anderer Qualität als das Erkennen sichtbarer Dinge. Er ist mehr als nur das Fürwahrhalten von Glaubenssätzen. Er bedeutet ein inneres, bereitwilliges und demütiges Sich-Öffnen für eine geistige Wesenheit, die den Ursprung allen Lebens darstellt und die uns in Jesus Christus die Botschaft gebracht hat, daß wir seine geliebten Söhne und Töchter sind. Hildegard sagt: "Wer nicht glauben will, ist tot." Der Mensch schneidet sich selbst vom Strome des Lebens ab, wenn er sich von Gott abwendet. In einer großen Vision hört Hildegard die Rede des Menschensohnes:

> "Dem, der mit bereitwilligem Herzen den Samen meines Wortes aufnimmt, gewähre ich wie einem guten Acker in Überfülle die großen Gaben des Heiligen Geistes. Wer aber einmal mein Wort aufnimmt, sich aber ein andermal weigert, es anzunehmen, ist wie ein Acker, der zeitweise grünt, zu anderer Zeit aber vertrocknet. Dieser Mensch geht jedoch trotzdem nicht ganz verloren. Denn obzwar er seelisch hungert, besitzt er doch – wenn auch geringe – Grünkraft. Wer aber nicht beabsichtigt und wünscht, meine Worte aufzunehmen und weder durch die Mahnung des Heiligen Geistes noch durch Belehrung von Menschen sein Herz zum Guten anregen lassen will, stirbt gänzlich ab."
> (SC 528)

Der Glaube ist in erster Linie ein Willensakt. Nur wer sich öffnet, kann die Lebens- und Glaubenskräfte Gottes erfahren. Wir hören in diesem Text, wie das Wort Gottes dem Menschen grüne Lebenskraft schenkt, veranschaulicht am Acker, auf dem einmal grüne Pflanzen wachsen, die ein Zeichen des Lebens sind und zugleich als Nahrung dienen, der aber ein anderes Mal – wenn der Same des Gotteswortes nicht aufgenommen wird – unfruchtbar daliegt.

Der Glaube kommt vom Hören. Zum Hören brauche ich Stille und Ruhe. Wenn Hildegard sagt, daß über das Hören des Ohres Gesundheit oder Krankheit in den Menschen eindringen können, so bewirkt das Hören des Wortes Gottes eine tiefe innere Heilung des Menschen. Das konnte ich schon in vielen Begegnungen erfahren.

> Die Wege, auf denen Gottes Wort den Menschen erreichen kann, sind
>
> 1. die Anregung des Heiligen Geistes, wenn der Mensch in seinem Inneren angerührt und von der Freude Gottes erfüllt wird,
>
> 2. die Belehrung der Menschen in der Verkündigung oder die Erfahrung eines lebendig gelebten Glaubens.

Die Innenerfahrung des lebendigen Gottes wird immer wieder Menschen geschenkt, die auf der Suche nach ihm sind. Die Kanäle Gottes sind jene Menschen, die diese Erfahrung weitergeben, die trotz vieler Schicksalsschläge innere Freude ausstrahlen und anderen Menschen Mutmachen.

Dies ist wohl die eindrücklichste Art, von der grünen Lebenskraft des Glaubens zu erfahren. Ein lebendiges Beispiel dafür in unseren Tagen ist u. a. Mutter Teresa, die viele Menschen fasziniert.

"Durch die Gotteskräfte wird der Mensch bis zum Tage seines Todes immer wieder neu." Gläubige Menschen erleben gerade angesichts des Todes, des Abnehmens der körperlichen Kräfte im Alter, der Erfahrung von Ohnmacht und Hinfälligkeit eine innere Stärkung und Zuversicht im Blick auf Jesus Christus. Hildegard nennt diese Gotteskräfte die "starken Arbeiter Gottes".

In ihrem Buch "Scivias – Wisse die Wege" beschreibt sie ihre Wirkweise folgendermaßen:

MEIN GLAUBE MACHT MICH LEBENDIG

> "Im Fleisch gewordenen Gottessohn wirkten alle Tugenden zusammen. Er hinterließ in seiner Person die Fußstapfen zur Erlösung, auf daß unter den Gläubigen der Kleinmütige und der Großherzige in ihm die geeignete Stufe finden, auf die sie ihren Fuß zum Aufstieg zu den Tugenden setzen sollen ... An den besten Orten der edlen Herzen versammeln sich die Tugenden zu ihrem heiligsten Werk, um den Gottessohn in ihren Gliedern, d. h. in den auserwählten Menschen, zu vollenden." (SC 475)

Dieser Text führt uns tief in die Mystik der hl. Hildegard hinein. Der Vermittler der Gotteskräfte ist also Jesus Christus; er hat uns die Stufen der Erlösung hinterlassen, auf denen die Gotteskräfte wie auf einer Leiter abwärts und aufwärts steigen. "Hernieder steigen sie gleichsam durch die Menschheit und hinauf durch die Gottheit Jesu." In Jesus Christus wurde ein Werk errichtet, in dem die Gotteskräfte zur Entfaltung kommen. Sie sollen in uns, den Gliedern Christi, wirksam werden, um die Welt zur Vollendung und zum Heil zu führen.

Die Verantwortung für das Erlösungswerk hat Jesus Christus seiner Kirche übertragen. Ihr ist die Verwaltung der Geheimnisse Gottes anvertraut. Solange aber dieses Werk in den Händen von Menschen ist, wird es immer unvollkommen bleiben. Hildegard muß häufig die Amtsträger in der Kirche mahnen, weder ihre Macht zu mißbrauchen noch aus Bequemlichkeit nachlässig zu werden: "Ihr reicht den Menschen nicht das Brot des Evangeliums, dessen es bedarf ... ihr seid lau und schwerfällig."

Der Mensch setzt dem Wirken der Gotteskräfte häufig Widerstände entgegen, will den Kampf um das Gute nicht aufnehmen, obwohl das Wissen um die Richtigkeit des Weges vorhanden ist.

Hildegard hört die Gotteskräfte sprechen:

"Wir gehen unmittelbar aus dem Höchsten hervor, wir sind von dort her gehalten, vereint mit dir zu kämpfen." Die Seele antwortet: "Wie gerne käme ich zu euch, daß ihr mir den Kuß des Herzens schenken könnt."

Wie andere Mystiker spricht auch die hl. Hildegard mit Worten der Liebenden, von Kuß und Umarmung. Im "Kuß des Herzens" werden wir erwärmt begeistert, es ist nicht weiterhin eine mühselige, trockene Anstrengung, die Tugenden zu leben. Wenn die Gotteskräfte mich erreicht und angerührt haben, ist es mir ein innerstes Bedürfnis, die "Werke des Lichtes" zu vollbringen, mein Leben auszufüllen mit Hoffnung, Weisheit, Keuschheit, Gerechtigkeit, Gottesfurcht, Glaube, Hochherzigkeit, Wahrheit, Frieden, Hingabe, Barmherzigkeit, Geduld und viele andere.

120 Mein Glaube macht mich lebendig

MEIN GLAUBE MACHT MICH LEBENDIG

Es bedarf sicher keines Beweises dafür, daß solche Lebenshaltungen den Menschen auch im Leiblichen gesund und blühend machen! Was uns traurig stimmt, ist unsere reale Lebenssituation, die doch häufig sehr weit von den erstrebenswerten Haltungen entfernt ist. Wir suchen weithin unser Leben mit unserer eigenen Kraft und nach unseren Plänen und Wünschen zu gestalten. In unserer Seele wissen wir zwar um um das, was eigentlich für uns und andere gut wäre, aber neben egoistischen Wünschen wie Ehre, Ansehen, Besitz, Karriere, bleibt es oft auf der Strecke.

Hildegard weiß in ihrer "Inneren Schau" um das Wesen des Menschen, der von Gott "sehr gut" geschaffen wurde. Deshalb verliert er auch das Wissen um seine himmlische Bestimmung nie. Jeder Mensch weiß in seiner Seele, was gut ist, auch wenn er es nicht tut. Dieses tiefinnere Wissen um den rechten Weg mahnt uns beständig und hält uns in Unruhe.

Wir sehen bei Hildegard durchgehend diese optimistische Sichtweise des Menschen, der als Ebenbild Gottes geschaffen wurde, sich aber im Hochmut von Gottes Liebe entfernt hat. Dadurch zog sich der Mensch Leid, Krankheit und Tod zu und hat den ganzen Kosmos mitgerissen. Heute entfernen sich allerorten die Menschen aus der Gemeinschaft der Gläubigen, klagen aber gleichzeitig Gott für das Vorhandensein des Leids auf der Welt an. Das größte Leid wird aber nach wie vor dem Menschen durch den Menschen angetan. Da Gott dem Menschen den freien Willen gab, muß er dem Menschen auch die Freiheit geben, Böses zu tun. Gott kann den Menschen nicht daran hindern, wenn der Mensch nicht will.

Nur wenn der Mensch bereit ist, sein böses Tun zu lassen, hält Gott seine großen Kräfte bereit, die der Mensch nur zu ergreifen braucht:

> "Wenn die Seele spürt, daß ihr Leib ohne alle Grünkraft der Tugenden (viriditas virtutum) ist und dahinwelkt, dann verfällt sie in Trauer und Klagen und bedrängt mittels des Wissens ihrer Vernunft und im Geist der Zerknirschung ihren Leib mit Seufzern und Tränen, weil sie ja einsieht, daß sein Tun schlecht ist. Auf diese Weise läßt sie den ausgedörrten Leib durch die Feuchtigkeit göttlicher Gnade wieder ergrünen."
> (H 230)

Der Leib wird ausgedörrt und welkt dahin, wenn der Mensch ohne die grüne Lebenskraft der Tugenden lebt. Es kann nicht oft genug betont werden, daß das Dahinvegetieren in stumpfer Nachlässigkeit, Bedürfnisbefriedigung und Egoismus auf Dauer in Krankheit führt. Die Sünde im Sinne von " Absonderung vom Leben" muß schmerzhaft durch Nachlassen von Gesundheit und Lebenskraft erlitten werden.

Wenn aber die Seele klagend und trauernd vom Schlechten ablassen will und das Gute anstrebt, wird der Leib wieder "grün" durch die Feuchtigkeit göttlicher Hilfe. Es sind wunderschöne Bilder, die Hildegard aus der Natur nimmt und uns den Zustand des Menschen drastisch vor Augen führen.

Wenn Hildegard auch nicht müde wird, immer wieder die Barmherzigkeit, die unbegreifliche Liebe, die unerschöpfliche Güte Gottes in eindringlichen Worten zu schildern, so läßt sie auch keinen Zweifel daran, daß es allein der Mensch in der Hand hat, inwieweit diese Kräfte in seinem Leben wirksam werden können.

Den Gotteskräften wird dann die Tür zugeschlagen, wenn der Mensch glaubt, aus eigener Kraft alles bewirken zu können, keiner Hilfe zu bedürfen, wie es heute allerorten zu hören ist. Dem eigenen Unbewußten werden dabei nach entsprechender "Erweiterung" göttliche Eigenschaften zugeschrieben wie: allmächtig, allgütig, allweise, allwissend. Das ist das schlimmste Laster: nämlich der Hochmut. Dieser spricht nicht Gott, sondern sich selbst die All-Macht, die Omnipotenz zu.

> "Gott kennt die Anmaßung derer, die nicht durch Gehorsam zu ihm aufblicken, sondern alles Ihrige auf sich selbst gründen. Er wird sie reinigen mit dem Besen der Ängste und den Unbilden feindlicher Anfechtung, bis sie sich reuig wieder auf Gott besinnen. Denn sie wandelten nicht im Eifer der Liebe und der Beobachtung seiner Gesetze." (B 180)

Beherrschen deshalb so viele Ängste den heutigen Menschen, weil er in allem nur auf sich selbst zurückverwiesen ist? Sind sie ein Maßstab für die Gottesferne?

Angst macht aber nicht nur dumm, sie macht auch krank. All jene Krankheiten, die in irgendwelcher Form mit Enge zu tun haben, kommen aus der Angst. Ich denke an Angina, angina pectoris, Asthma, Atemnot, Verkrampfungen u. ä. Wir sollten wieder lernen, uns im Gebet in die liebenden Arme Gottes fallen zu lassen und uns ihm in unserer Not anvertrauen. Hildegard hört immer wieder die Zusage Gottes, daß er uns hilft:

> "Daher suche ich in deinem Gewissen die Wunden und den Schmerz deines Herzens, mit denen du dich bezwingen sollst, wenn du spürst, daß dein Wille dich zur Sünde hinzieht, und wenn du so dazu entfacht wirst, daß du ganz aufgelöst kaum zu atmen vermagst. Und schau, ich blicke dich an. Was sollst du dann tun? Wenn du mich jetzt in dieser Drangsal mit verwundetem Herzen, feuchten Augen und von der Furcht vor meinem Gericht erschüttert anrufst, und dann auch bei deinem lauten Rufen bleibst, daß ich dir gegen die Bosheit

deines Fleisches und gegen die Gefechte der bösen Geister zu Hilfe eile, will ich all das tun, was du dir ersehnst, und meinen Wohnsitz in dir aufschlagen ..." (SC 528)

Es sind erschütternde Worte, die Hildegard in ihrer Vision von Gott hört. Wenn wir uns so weit vom richtigen Weg entfernt haben, daß wir kaum mehr atmen können, sollen wir mit verwundetem Herzen und feuchten Augen rufen und bitten und mit dem lauten Rufen nicht nachlassen. Die göttliche Hilfe ist uns bindend zugesagt. Sie ist greifbar, hörbar, erlebbar geworden im Mensch gewordenen Gottessohn.

Ich möchte einige Texte anfügen, in denen uns Hildegard sagt, in welcher Weise wir uns in den verschiedenen Nöten an Gott um Hilfe wenden sollen:

> "Wenn nämlich der Zorn mein Zelt entflammen will, schaue ich auf die Güte Gottes. Ihn hat niemals der Zorn berührt. So werde ich sanfter als die Luft, die mild die trockene Erde benetzt und empfinde geistliche Freude, wenn die Tugenden beginnen, in mir ihre Lebenskraft zu entfalten (ostendere). Und so verspüre ich Gottes Güte.
>
> Wenn aber der Haß versucht, mich schwarz zu machen, blicke ich auf die Barmherzigkeit und das Leiden (martyrium) des Gottessohnes und bezähme so mein Fleisch. In gläubigem Gedenken atme ich den Duft der Rosen ein, die aus den Dornen erwachsen und erkenne so meinen Erlöser.
>
> Doch wenn der Stolz den Turm seiner Eitelkeit ohne Felsenfundament in mir errichten will und eine derartige Höhe erreichen möchte, daß er niemanden neben sich duldet, sondern immer höher als die übrigen erscheinen will: Ach, wer kommt mir da zu Hilfe? Die alte Schlange nämlich die alle übertreffen wollte, verfiel dem Tod und will mich zu Fall bringen.
>
> Dann sage ich traurig: Wo ist mein König und mein Gott? Was kann ich Gutes ohne Gott? Nichts.
>
> So schaue ich auf zu Gott, der mir das Leben gab und eile zur seligsten Jungfrau, die den Hochmut der alten Höhlen(schlange) zertrat ... Und so erkenne ich am erhabenen Gott das anziehendste Gut, die Demut. Ich spüre die Lieblichkeit des unvergänglichen Balsams und freue mich so an der Süßigkeit Gottes, als wäre sie der Duft aller Gewürze. Und so wehre ich auch die übrigen Laster mit dem starken Schild der Demut ab." (SC 65,66)

Mein Glaube macht mich lebendig

Wir hören hier, in welchen Nöten wir um Hilfe bitten sollen. Im Zorn kann mir die Güte Gottes zu Hilfe eilen, im Haß blicke ich auf die Barmherzigkeit Gottes, der diese Barmherzigkeit auch in mir wachsen lassen kann. Der Stolz fällt in sich zusammen, wenn ich auf die Erniedrigung des Gottessohnes sehe, die er aus Liebe zu uns Menschen auf sich nahm.

Es geht nicht ohne geistige Anstrengung, ohne Kampf. Deshalb heißen die Gotteskräfte auch "die starken Streiter Gottes." Diese wollen aber erbeten, gebeten sein, genau so wie ich den Arzt rufen muß. Gott spricht: "Wie soll ich jemandem antworten, dessen Stimme ich nicht höre?" Im Gebet öffnen wir unsere Türe zu Gott hin. Türen gehen von innen auf. Hildegard hört Gott immer wieder darüber klagen, daß ihn die Menschen vergessen und nichts mehr von ihm erbitten. Darum können wir auch nicht mehr die heilende Kraft des Gebetes erfahren.

In einer ganz konkreten notvollen Lebenssituation kann und soll ich meine Not vor Gott hintragen. Nur das Gebet, das aus einem heißen Herzen kommt, erreicht auch das Herz Gottes. Nur das, was mir ein Herzensanliegen ist, kann auch zu einem echten Gebet werden.

Verstehen wir jetzt vielleicht, warum so viele sogenannte "Gebete" nicht erhört werden? Es sind bestenfalls auswendig gelernte Texte, die in guter Absicht gesagt werden. Zu einem wirklichen Gebet braucht es viel Ruhe und den Willen zu ehrlicher Selbstbesinnung.

Im Bewußtsein meiner Bedürftigkeit und der Bedürftigkeit meiner nächsten Menschen sollen wir Gott anrufen. Für solches Bitten ist uns Erhörung zugesagt: "dann nähert sich der Duft der göttlichen Liebe, um dieses gerechte Flehen zu erfüllen."

Die Tugendkräfte stehen bereit und warten, daß der Mensch sie in Dienst nimmt. Hildegard sieht sie in ihren Visionen als Frauengestalten, die wunderbar gekleidet, leuchtend und mit Edelsteinen geschmückt sind:

> "Die Liebe erschien ganz wie ein Hyazinth in der Farbe der Himmelsatmosphäre, nämlich sowohl ihre Gestalt als auch ihre Tunika. Und in diese Tunika waren auf unvorstellbare Weise zwei mit Gold und Edelsteinen geschmückte Streifen wundersam eingewebt; so lief über jede Schulter der Gestalt vorne und hinten ein Streifen bis zu ihren Füßen hinab ... Sie sprach: '... der Sohn Gottes wurde am Ende der Zeiten um des Menschen willen als Mensch geboren ... deshalb erschien ich als helleuchtender Glanz in Gott und im Menschen."
>
> (SC 461, 462)

Die Liebe ist die innerste Triebfeder aller Gotteskräfte, die Demut ist ihre Königin. Sie alle warten als wirkmächtige Gotteskräfte darauf, daß sich der Mensch ihnen öffnet. Deshalb soll der Mensch Gottes Erbarmen suchen.

> "Wer es aber nicht sucht, findet es nicht, wie auch der Quell – der Strom – nicht zu den Menschen fließt, die ihn nur kennen und nicht zu ihm kommen wollen. Sie müssen vielmehr zu ihm hinzutreten, wenn sie sein Wasser schöpfen möchten. So handle der Mensch. Er nähere sich Gott durch das von ihm auf gestellte Gesetz, und er wird ihn finden. Es wird ihm die Speise des Lebens und das heilbringende Wasser gereicht, so daß er ferner weder Hunger noch Durst leidet."
> (SC 475, 476)

In der Meditation greifen wir das Bild vom Strom auf, das uns Hildegard vor Augen führt.

❏ Suchen Sie einen Bach, einen Fluß oder einen Strom auf und setzen Sie sich etwas abseits davon nieder.

❏ Sie können wohl das Wellenspiel sehen, vielleicht auch, wie die Sonne darin glitzert.

❏ An einem heißen Tag wird die Sehnsucht nach dem kühlen Naß wachsen.

❏ Aber Sie werden nicht erfrischt! wenn Sie sich nicht auf den Weg machen.

Meditation: Der Strom

Ein Strom fließt durch das Land.
Seine Quelle kommt aus den Tiefen des Berges,
Du kannst sie nicht erforschen.

Der Strom ist einfach da – auch für dich.
Du aber sitzest auf dem Trockenen,
Du leidest Durst, bist kraftlos und ermattet.

Der Strom ist zu weit weg,
Du siehst ihn von ferne.
Wunderbar
glitzert er in der Sonne.

Herrlich
wird es dich beleben,
das frische, kühle Nass.
An seinen Ufern wächst üppiges Grün.

Eine grosse Sehnsucht erfüllt dich
nach dem lebenspendenden Strom.

Aber du sitzest auf dem Trockenen.
Nimmt der Strom einen falschen Lauf?
Wirst du erwarten,
daß das Flußbett umgeleitet wird?
Wirst du in der Trockenheit verdorren?
Du weißt, der Strom ist da.
Warte nicht zu lange in der Trockenheit!
Je länger du wartest,
umso weniger Kraft hast du,
um dich auf den Weg zu machen.

MEDITATION

Ja, ich darf nicht zu lange warten
in der Trockenheit meiner Bequemlichkeit,
meiner Ängste,
meiner Feigheit,
meiner Verzweiflung.
Lange habe ich den Strom
der göttlichen Kraft und Liebe
gar nicht gesehen.
Ich hatte eine Mauer um mich gebaut.
Jetzt sehe ich ihn ganz deutlich.

Aber ich sitze auf dem Trockenen.
Soll ich aufbrechen?
Der Weg ist steinig, mühsam, weit.
Wird meine Kraft ausreichen,
werde ich den Strom überhaupt noch erreichen?
Wenn Gott mich stärken will
muß er den Strom schon näher zu mir her leiten...

Ich sitze und warte,
aber ich weiß,
der Strom wird nicht zu mir fließen.
Ich muß zu ihm gehen.

Ich muß aufbrechen –
ausbrechen aus dem Gefängnis
der stumpfen Gewohnheit.

Ja, ich mache mich auf,
die Hoffnung beflügelt meinen Schritt.
Ich weiß, ich werde neu aufleben,
glücklich sein und singen.
Gott lässt das Wasser des Lebens für mich strömen.
Er wartet, bis ich komme.

Ich spüre, der Strom ist mir schon näher gekommen...

Ich liebe das Licht

Das lebendige Licht Gottes

Das Licht ist der Ursprung des Lebens schlechthin. In vielen Religionen wird die Sonne für göttlich gehalten, weil ohne sie das Leben auf der Erde ersterben würde. Nach christlichem Glaubensverständnis ist die Sonne von Gott als Leuchte an den Himmel gesetzt. In der göttlichen Schau Hildegards offenbart sich Gott selbst als Licht, als das ursprungslose Licht, von dem alle anderen Lichter ihre Leuchtkraft erhalten. Die Sonne ist dabei ein Symbol, ein Zeichen für die Gottheit.

Hildegard von Bingen erlebt das unsagbar hellleuchtende, blitzende blendende Licht des lebendigen Gottes in vielen Schauungen und inneren Erfahrungen. Sie berichtet:

> "Und es geschah in meinem 43. Lebensjahr: Voller Furcht und zitternd vor gebannter Aufmerksamkeit blickte ich gebannt auf ein himmlisches Gesicht. Da sah ich plötzlich einen überhellen Glanz... Aus dem offenen Himmel fuhr blitzend ein feuriges Licht hernieder. Es durchdrang mein Gehirn und setzte mein Herz und die ganze Brust wie eine Flamme in Brand; es verbrannte nicht, war aber heiß, wie die Sonne den Gegenstand erwärmt, auf den ihre Strahlen fallen. Und plötzlich erhielt ich Einsicht in die Schriftauslegung, in den Psalter, die Evangelien und die übrigen Bücher des Alten und Neuen Testaments."
>
> (Einführung in den Scivias)

Für ihr weiteres Leben hat sie dieses lebendige göttliche Licht begleitet und in diesem Licht durfte sie große Geheimnisse Gottes und der Schöpfung schauen. Wenn auch heute viele Menschen versuchen, sich mit dem besonderen Charisma dieser aussergewöhnlichen Frau zu beschäftigen, so bleibt es doch immer ein großes, unlösbares Geheimnis. Hildegard hatte oft Mühe, diese überwältigenden Erlebnisse in Worte zu fassen.

> "Und ich schaute im Geheimnisse Gottes ein wunderschönes Bild. Es hatte die Gestalt eines Menschen. Sein Antlitz war von solcher Schönheit und Klarheit, daß ich leichter in die Sonne hätte blicken können als in dieses Gesicht ... Sie (die Gestalt) war gewandet in ein Kleid, das der Sonne gleich erglänzte. In ihren Händen trug sie ein Lamm, das leuchtete wie lichtklarer Tag. Mit ihren Füßen zertrat die Gestalt ein

Ungetüm von entsetzlichem Aussehen, giftig und schwarz, und eine Schlange." (WM 25)

Die Gottheit ist lichthell, leuchtend und hat die Gestalt eines Menschen. Dieses göttliche Licht ist wirksam bei der Erschaffung der sichtbaren Welt, bedeutet aber gleichzeitig das geistige Licht, die Liebe des himmlischen Vaters. Die Menschengestalt deutet darauf hin, daß sich das Wort Gottes, der Sohn Gottes, "mit dem Fleische bekleidete", die Menschheit "anzog" und damit den Menschen durch seine Liebe erlöste. Das ist der Grund, warum diese Gestalt heller leuchtet als die Sonne. Die Liebe ist eine geistige Strahlkraft, die jedoch, wie alle geistigen Vorgänge, nicht unmittelbar mit unseren Sinnen wahrnehmbar ist:

"Denn der Liebe Übermaß strahlt und funkelt in solch erhabenem Blitzesglanz ihrer Gaben, ... daß es niemand in seinem Sinnesvermögen zu fassen vermag."

Die Sprache versagt ob der gewaltigen Strahlkraft der göttlichen Liebe. Deshalb finden wir auch in der Heiligen Schrift das Bild der Wolke für den unsichtbar anwesenden Gott. Hildegard aber fühlt sich von Gott berufen, Mitteilung über ihn zu machen:

"Du bist vielmehr nur von Meinem Licht getroffen, das dich im Innern wie die glühende Sonne mit ihrem Brand entflammt ... Sei nicht furchtsam, sondern sage, was du im Geiste erkennst, wie Ich es durch dich mitteile."

Die Lichtkraft der Liebe Gottes ist es, die alle Wesen ins Dasein rief und sie am Leben erhält: Als erstes erschuf er jene unsichtbaren vernünftigen geistigen Lichtwesen, die reines Lob Gottes sind:

"Und wie der Sonnenglanz die Sonne anzeigt, so verkünden die Engel durch ihren Lobpreis Gott, und wie die Sonne nicht sein kann ohne ihr Licht, so ist auch die Gottheit nicht ohne der Engel Preis."

Die Engel sind also reines Lob Gottes, während die sichtbare Schöpfung durch ihr Dasein Gott preist. Der Mensch wiederum lobt Gott in seinem Werk.

Gottes Licht ist die lebenschaffende und lebenerhaltende Kraft in allem Geschaffenen: "Gottes Thron ist ja Seine Ewigkeit, in der Er allein sitzt, und alle Lebewesen sind gleichsam Funken der Strahlung Seines Glanzes, die ihm wie die Strahlen der Sonne entströmen."

Ich liebe das Licht

So ist die ganze Schöpfung durchstrahlt und durchwebt von den Strahlen Gottes; sie ist weder selbst göttlich noch ist sie als bloße Sache in unsere beliebige Verfügbarkeit gestellt. Der Mensch selbst war, nach Hildegard, mit einem leuchtenden Leib ausgestattet, durchstrahlt wie ein Edelstein. Durch seine Entfernung aus dem Lichte und der Liebe Gottes wurde ihm und der ganzen Schöpfung eine "graue Haut" übergezogen. Er fiel in die Finsternis der Laster, in die Macht des Todes, aus der er sich nicht selbst erheben kann. Er ist auf die Erlösung durch Gott selbst angewiesen.

Deshalb sieht Hildegard von Bingen in der oben zitierten Vision, wie die lichthelle Gestalt der Liebe Gottes ein schwarzes Ungetüm und eine Schlange zertritt.

Hildegard wurde ein noch tieferer Einblick in das Geheimnis Gottes gewährt, in dem drei Personen in einer Einheit wirken. Es ist ein eindrucksvolles Bild, das sie in ihrem Buch "Scivias" beschreibt:"

> "Alsdann sah ich ein überhelles Licht und darin eine saphirblaue Menschengestalt, die völlig von einem sanften rötlichen Feuer durchglüht war. Und das helle Licht überstrahlte das ganze rötliche Feuer und das rötliche Feuer das ganze helle Licht und (beide), das helle Licht und das rötliche Feuer, die ganze Menschengestalt, so daß sie ein einziges Licht in derselben Stärke und Leuchtkraft (in una vi possibilitatis) bildeten." (SC 117)

Das helle Licht ist Sinnbild für den Vater, die Fülle des Ursprungs, aus dem alle Lebensgrüne sprießt; das funkelnde Feuer ist der Heilige Geist, die wärmende Liebe, die die Herzen entzündet und erleuchtet; die saphirblaue Menschengestalt ist der menschgewordene Sohn Gottes, der durchflutet ist von Licht und Feuer. Hildegard wird nicht müde, darauf hinzuweisen, daß mit der Menschwerdung der Liebe Gottes das Heil schlechthin wirksam wurde:

> "Dadurch, daß Gott uns geliebt hat, erstand ein anderes Heil als das, welches wir ursprünglich besaßen, als wir Erben der Unschuld und Heiligkeit waren ... Durch den Lebensquell des Wortes kam nämlich die umarmende Mutterliebe Gottes zu uns; sie nährt uns zum Leben, hilft uns in Gefahren und leitet uns – als tiefe und zarte Liebe – zur Buße an. Gott gedachte barmherzig seines großen Werkes und seiner kostbaren Perle, nämlich des Menschen, den er aus dem Lehm der Erde gebildet und dem er den Lebensodem eingehaucht hatte ... Deswegen ging die Erlösungstat der Liebe (salvatio caritatis) nicht von uns aus, weil wir es nicht verstanden und vermochten, Gott zu unserer Rettung zu lieben." (SC 120)

Es ist notwendig, sich in dieses tiefste Geheimnis Gottes hineinzubegeben, wenn seine befreiende, heilende Botschaft in unserem Leben seine Wirksamkeit entfalten soll. Alle geistigen Vorgänge sind dem bequemen, einfachen Zugriff entzogen. Sie sind auch nicht durch raffinierte Methoden zu erschließen und erst recht nicht durch äußeren Druck oder verordnete Zwangsmaßnahmen. Sie werden mir dann zugänglich, wenn ich mich dem äußeren, lauten Getriebe entziehe, in die Stille gehe und mich selbst in die Gegenwart Gottes stelle. Im vertrauensvollen Gebet kann ich ihn darum bitten, mir diesen Heilsquell zu erschließen. Das Gebet um seinen Geist wird getragen von der Zusage Jesu: Bittet und ihr werdet empfangen.

Trotz unserer Anstrengung können wir uns nicht selbst aus der Dunkelheit erheben, sondern sind auf das Licht Gottes angewiesen. Hildegard schaute, wie auf der Erde ein Licht erschien und wie das Morgenrot erglühte. Damit ist immer die Jungfrau Maria gemeint: sie ist das Morgenrot, aus dem das Licht hervorging. Durch ihre Bereitwilligkeit, ihr Ja zum Vorhaben Gottes, hat sie die Erlösung ermöglicht. Die Jungfräulichkeit Mariens ist bei Hildegard die unabdingbare Voraussetzung, daß das "lichteste Wort Gottes" Mensch werden konnte. Maria ist wie ein "strahlendheller Edelstein", der vom Licht sprüht, vom "Glanz der Sonne, die dich durchflutet, der Sonne, die dem Herzen des Vaters entquillt." Nur so konnte das Licht der Menschwerdung auf Erden aufstrahlen:

> "Und ich sah aus dem Licht der Morgenröte einen ganz lichten Menschen hervorgehen; er goß seinen Glanz über die Finsternis aus, wurde aber von ihr so zurückgestoßen, daß er blutrot und erbleichend, die Finsternis mit so großer Kraft zurückschlug, daß der andere (ille) Mensch, der in ihr darniederlag, durch diese Berührung sichtbar aufleuchtete und aufrecht aus ihr hervorging. Und so erschien der Lichtmensch, der aus der erwähnten Morgenröte hervorging, in so großer Herrlichkeit, daß es eine menschliche Zunge nicht ausdrücken kann."
> (SC 103,105)

Diese zentrale Aussage der christlichen Erlösungslehre ist auch das Zentrum der Mystik Hildegards: Wer sich wirklich einläßt mit dem Worte Gottes und sich im Inneren anrühren läßt, wird immer wieder erfahren, wie Angst schwindet und Vertrauen wächst, wie die Leere aufgefüllt wird mit der Liebe, wie die Dunkelheit der Verzweiflung besiegt wird vom Licht der Hoffnung. Das göttliche Werk der Erlösung beinhaltet die Wirklichkeit des Kreuzes, an dem weder wir noch der Gottessohn vorbeikommen. Nur durch völlige Hingabe kann die Befreiung vom Bösen erreicht werden. Hildegard hörte die Stimme vom Himmel:

> "Wenn der Sohn Gottes nicht am Kreuz gelitten hätte, würde es diese Finsternis keinesfalls zulassen, daß der Mensch zur himmlischen Herrlichkeit gelangt." (SC 169)

Darin ist die eindeutige Aussage enthalten, daß eine Selbsterlösung nicht möglich ist.

Wir alle haben die Sehnsucht nach dem Licht, nach der Wärme der Liebe, die wir auch immer wieder punktuell erfahren können. Wir erleben die äußere Dunkelheit – sei es an dunklen Tagen, im Winter, in geschlossenen Räumen – als bedrohlich, sie nimmt uns Lebenskraft, macht uns depressiv und fördert Krankheiten. In gleicher Weise sind wir voller Lebensfreude an sonnigen Tagen, bei klarer Luft, in lichtdurchfluteten Gegenden. Wir spüren die lebensfördernde und heilmachende Kraft des Lichtes.

Genauso abhängig sind wir von der geistigen Atmosphäre um uns herum: Ein liebender Mensch, der Güte ausstrahlt, beflügelt uns und läßt ungeahnte Kräfte in uns wachsen. Die Gegenwart eines neidischen, mißgünstigen Menschen hingegen lähmt und kann uns sogar krank machen.

In all diesen Dingen können wir ersehen, in welch großem Maße wir auf das Licht der Liebe Gottes angewiesen sind, um innerlich heil zu werden. Der Ort dieser Heilserfahrung soll nach dem Willen Jesu seine Kirche sein. Durch sie sollen Menschen im "Bad der Wiedergeburt" (Taufe) aus dem Geiste und dem Wasser zu Neuschöpfungen in Gott werden. Dementsprechend sieht Hildegard die Kirche als Frau, als Braut Christi und Mutter, die dem Sohne Gottes stets neue Kinder schenkt. Sie ist mit überaus hellem Licht ganz durchstrahlt und schimmernder Glanz umfließt sie. Der unterste Teil aber ist unvollendet: die Unvollkommenheit der Kirche, solange fehlerhafte Menschen sie verwalten müssen.

Die Kirche ist gerufen, das Werk Jesu Christi in den Sakramenten weiterwirken zu lassen. Diese sind äußere Zeichen für innere, geistige Vorgänge, die den Menschen aus den nur natürlichen Lebensbezügen herausheben und ihn befähigen zu einem Leben im göttlichen Geist. "O Mensch, laß dich überfluten von der Neugeburt des Erlösers und dich salben mit der Salbung der Heiligkeit! Fliehe den Tod und jage dem Leben nach!"

Eine besondere Stellung nimmt die Feier des Abendmahles bzw. der Heiligen Eucharistie ein. Hildegard sieht in einer Vision fünf verschiedene Gruppen zu diesem Sakrament hinzutreten:

> "Die einen hatten nämlich einen leuchtenden Leib und eine feurige Seele; andere aber erschienen mit häßlichem Leib und finsterer Seele; einige waren behaarten Körpers und die Seele starrte vor Schmutz menschlicher Verunreinigung; der Leib mancher war von spitzen Dornen umgeben und sie erschienen mit aussätziger Seele, die wie ein verwesender Leichnam roch. Während einige von denen, die das Sakrament empfingen, wie mit feurigem Glanz übergossen wurden, umdunkelte die anderen gleichsam eine finstere Wolke."
>
> (SC 219)

Nur die erste Gruppe, diejenigen, die mit "hellstrahlendem Glauben das Sakrament genießen, werden durch seine geheimnisvolle Kraft in ihrem Fleische genährt und geheiligt "... und ihre Seelen werden durchströmt und entflammt von der feurigen Gabe des Heiligen Geistes ...". Die Eucharistie verleiht also Körper wie Seele des Menschen Lebenskraft. Sie ist zu unserem Heil. Bei den anderen Gruppen fehlt entweder die Voraussetzung des Glaubens, oder sie leben in vielen Lastern, tun ihren Mitmenschen Hohn und Schmach an oder haben sich sogar am Leben anderer vergangen. Diese werden durch den unwürdigen Genuß des Sakramentes in noch größere Dunkelheit gestürzt wie jener Lichtengel, der sich in hochmütiger Anmaßung Gott gleichstellen wollte. Die heilende Wirkung der Sakramente wird immer wieder von verschiedenen Menschen auch körperlich erfahren, z. B. wenn sie nach einer Krankensalbung – die auch mit der Heiligen Kommunion verbunden ist – eine deutliche Besserung oder sogar Heilung ihrer Krankheit erleben.

Zu fürchten haben wir aber nicht, wie der Apostel Paulus sagt, die Krankheit und den Tod des Leibes, sondern den ewigen Tod der Seele, wo Gott jene vergißt, die ihn vergessen haben. Wer jedoch das Licht Gottes liebt, dem wird jetzt schon vieles "klar", es wird ihm ein "Licht aufgehen" und er wird begeistert sein, er wird ein aufgeweckter Mensch sein, der etwas ausstrahlt, von dem andere angesteckt werden können.

Den Abschluß soll ein dichterisch wunderschöner Hildegard-Text bilden, in dem die Heilige hört, wie Gott über seine geliebten Söhne und Töchter spricht, die wie Blumen duften und wie Edelsteine strahlen:

> "Jetzt will ich von meinen geliebten Kindern sprechen, die mich in offenherziger Gesinnung, mit bereitwilligem Geist und wachem Verstand aufnehmen und mich mit Seufzen und Weinen berühren. Sie empfangen mich freudig und umarmen mich aufs innigste. O meine Blumen! Sobald sie meine Gegenwart spüren, freuen sie sich sogleich in mir und ich an ihnen. Süßer und angenehmer sind sie für mich als

ICH LIEBE DAS LICHT

die Lust am kostbarsten Edelstein und an glänzenden Perlen in der menschlichen Seele . . . Sie sind mir auch die edelsten Quadersteine, weil sie in meinen Augen immer liebenswürdig sind. Unermüdlich will ich sie glätten und säubern, damit sie richtig und anmutig im himmlischen Jerusalem ihren Platz finden." (SC 470)

Wenn wir auch nicht, wie die heilige Hildegard, Gottes Licht schauen können, wollen wir doch versuchen, uns für die heilende Wirkung des Lichtes zu sensibilisieren.

Wir wollen uns dabei bewußt werden, daß natürliches Licht auch immer ein Sinnbild für das unsichtbare Licht, für Gott selbst ist.

- ❐ Betrachten Sie einen dunklen Nachthimmel und das Funkeln der Sterne.

- ❐ Stehen Sie vor Sonnenaufgang auf, solange es noch dunkel ist. Die Dinge um Sie herum scheinen nicht zu existieren, sind nicht vorhanden, weil Sie sie nicht sehen.

- ❐ Erleben Sie das langsame Heraufdämmern des Morgens, wie die Dinge zum Leben erwachsen, wie alles Farbe bekommt.

Wann ist es Tag?
Wenn ich das Gesicht meines Mitmenschen erkennen kann.

- ❐ Erleben Sie, wie es in Ihnen hell wird, wie Sie mit dem Licht aufleben. Lassen Sie sich hineinnehmen in die Strahlen der aufgehenden Sonne.

Denken Sie daran, daß sie ein Sinnbild für die Liebe Gottes ist.

Meditation: Das Licht

"Denn ich bin der Hohe und Tiefe und Umkreisende.
Ich bin das einfallende Licht."

"Der Mensch soll ihn,
den Hohen, Lebendigen, schauen
ohne irgendeine Umschattung der Liebe."

"Der Mensch, der so auf Gott schaut,
richtet wie ein Adler sein Auge auf die Sonne."

Wärmendes Licht der Sonne
hüllt mich wohlig ein,
macht die Erde freundlich und fruchtbar.

Licht vertreibt meine Angst,
meine Dunkelheiten, die mich in der Nacht quälten.

Licht fällt auf das Gesicht eines lieben Menschen –
wann habe ich es zum letzten Mal wirklich gesehen?
Licht macht die Farben leuchten,
die mein Herz erfreuen.

Licht spiegelt sich tausendfach im Wasser
und blitzt auf in Millionen von Tropfen,
in glitzernden Schneekristallen.

Die Liebe Gottes ist wie einfallendes Licht
wie wärmendes Licht,
das mein Herz erfüllt,
meinen Geist erhellt.

Ich soll sein wie ein strahlendheller Edelstein,
in dem sich das göttliche Licht widerspiegelt,
sich in vielen Facetten und Farben bricht.

MEDITATION

Wie ein Adler auf die Sonne
so richte ich meinen Blick auf Gott.

Ich beginne zu strahlen
im Widerschein der Liebe.

Die Liebe zerrt nichts ans Licht –
sie leuchtet und wärmt
von innen heraus,
durchflutet meine erkalteten Stellen,
bis ich mich durch und durch
lebendig fühle.

Der Adler kann in die Sonne blicken
und sein Auge leuchtet.
Ich kann auf meinen Gott blicken –
und mein Auge leuchtet vor Liebe.

Wichtige Daten
aus dem Leben Hildegards

1098 Hildegard wird in Bermersheim bei Alzey (Rheinhessen) als zehntes Kind des Edelfreien Hildebert und seiner Frau Mechtild geboren.

1106 Sie wird der Klausnerin Jutta von Sponheim auf dem Disibodenberg bei Bad Kreuznach zur Erziehung übergeben. Hildegard hat seit ihrer Kindheit die Gabe der "Inneren Schau", vertraut sie aber nur ihrer Meisterin Jutta an, seit sie das Gerede und das Achselzucken der Menschen erlebt hat.

1136 Jutta von Sponheim stirbt. Hildegard, die Benediktinerin geworden ist, wird von dem inzwischen entstandenen kleinen Frauenkonvent zur Äbtissin gewählt.

1141 Hildegard erhält in einer großen Vision von Gott den Auftrag, aufzuschreiben und zu verkünden, was sie sieht und hört. Unter Mithilfe des Mönches Volmar und der Schwester Richardis von Stade beginnt sie mit der Niederschrift ihres ersten großen Buches "Scivias – Wisse die Wege".

1150 Gründung eines eigenen Klosters auf dem Rupertsberg bei Bingen, wie sie es in einer Vision aufgetragen bekam. Fertigstellung des Scivias, nachdem ihre Schriften durch Papst Eugen III. anerkannt worden sind. Hildegard wird bekannt im ganzen damaligen Abendland, viele Menschen erbitten ihren Rat, und es entwickelt sich ein ausgedehnter Briefwechsel mit vielen mächtigen und bedeutenden Persönlichkeiten.

1151 – 1158 Abfassung einer Naturkunde, in der sie das "innere Wesen der verschiedenen Naturen in der Schöpfung" beschreibt – bekannt unter dem Namen "Physica" – und einer Heilkunde: "Causae et curae – Von den Ursachen und der Behandlung von Krankheiten".

1155 Hildegard reitet zum Disibodenberg, um vom Abt die Herausgabe der Besitztümer ihrer Schwestern zu fordern, die er widerrechtlich einbehalten hat. Sie besteht auf urkundlicher Festlegung der Unabhängigkeit ihres Klosters vom Kloster Disibodenberg und verweigert auch die Einstellung eines Vogtes.

WICHTIGE DATEN

1158 bis 1163 — Das "Liber vitae meritorum – Buch der Lebensverdienste" – entsteht. Hier werden 35 Tugenden, die Hildegard als Gotteskräfte bezeichnet, ebensovielen Lastern gegenübergestellt.

1158/59 — Erste Missions- und Predigtreise nach Franken, wo sie u. a. Mainz, Würzburg und Bamberg besucht, in Kathedralen und auf Plätzen predigt, obwohl sie in dieser Zeit sehr krankheitsanfällig war.

1160 — Zweite Reise moselaufwärts bis nach Lothringen. Bekannte Stationen sind Metz und Trier, wo sie die aufsehenerregende Pfingstpredigt hielt.

1161 — Dritte Reise rheinaufwärts, vermutlich bis nach Lüttich. In Köln hält sie eine öffentliche Predigt, in der sie dem Klerus mahnende Worte zuruft.

1163 — Hildegard beginnt mit der Abfassung ihres letzten großen Visionswerkes "Liber divinorum operum – Buch der Gotteswerke", der sogenannten Kosmosschrift.

ETWA 1165 — Gründung des Tochterklosters Eibingen bei Rüdesheim auf der anderen Rheinseite, das Hildegard zweimal wöchentlich per Schiff besucht.

1170 — Vierte Predigtreise nach Schwaben, wobei sie verschiedene Abteien besucht, um den dortigen Äbten den erbetenen Rat zur Führung ihres Klosters zu erteilen: Stationen sind Maulbronn, Hirsau und Zwiefalten.

1178 — Über das Kloster Rupertsberg wird durch das Mainzer Domkapitel das Interdikt verhängt, weil Hildegard einen unter Kirchenbann stehenden Adligen, der jedoch durch die Beichte losgesprochen war, nach seinem Tod im Klosterfriedhof beerdigen läßt. Die Kirchentüren werden geschlossen, es darf kein Gottesdienst mehr gefeiert und nicht mehr gesungen werden.

FRÜHSOMMER 1179 — Die greise Äbtissin Hildegard muß viele mühevolle Kämpfe durchstehen und sich schließlich dem Erzbischof von Mainz zu Füßen werfen, bis endlich das Interdikt aufgehoben wird.

17. SEPTEMBER 1179 — Hildegard stirbt in ihrem Kloster. Viele Menschen sehen einen Lichtkreis mit einem leuchtenden Kreuz am Himmel.

Anhang

Weiterführende Literatur / Abkürzungen

<u>Werke der heiligen Hildegard</u>

Scivias – Wisse die Wege, übersetzt und herausgegeben von Walburga Storch OSB, Augsburg 1990 (SC)

Physica – Heilkraft der Natur, übersetzt von Marie-Louise Portmann, herausgegeben von der Basler Hildegard Gesellschaft, Augsburg 1991 (PH)

Causae et curae – Heilwissen, übersetzt und herausgegeben von Manfred Pawlik, Augsburg 1989 (H)

De operatione Dei – Welt und Mensch, übersetzt und erläutert von Heinrich Schipperges, Salzburg 1965 (WM)

Liber vitae meritorum – Der Mensch in der Verantwortung, übersetzt und erläutert von Heinrich Schipperges, Salzburg 1972 (MV)

Briefwechsel, übersetzt und erläutert von Adelgundis Führkötter OSB, Salzburg 1965 (B)

Lieder, herausgegeben von P. Barth, I. Ritscher und J. Schmidt-Görg, Salzburg 1969

Gott sehen, Serie Piper

<u>Zur Medizin der heiligen Hildegard</u>

Breindl, Ellen: Hl. Hildegard – Das große Gesundheitsbuch, überarb. Aufl. Augsburg 1992

Schiller, Reinhard: Hildegard Medizin Praxis, Augsburg 1990

Schiller, Reinhard: Hildegard Pflanzenapotheke, Augsburg 1991

Schiller, Reinhard: Atlas der Edelsteine und Metalle, Augsburg

Schiller, Reinhard: Ernährungslehre, Augsburg

Das Hildegard Forum der Kreuzschwestern in Bingen

Zwischen Wald und Weinbergen gelegen, lädt das Hildegard-Forum der Kreuzschwestern ein zur Begegnung mit den Lebensbotschaften Hildegards von Bingen. Um einen zentralen Rundbau mit einer großen Terrasse zur Rochuskapelle hin, legen sich ein Vortragsraum, ein audiovisueller Raum, ein Ausstellungsraum, eine Lehrküche und eine Ladenzone. Die Arbeit des Hildegard-Forums erstreckt sich auf drei Angebotsebenen. Auf der ersten Ebene lädt eine Gaststube Spaziergänger und Besucher des Rochusberges ein zu Rast, Erfrischung und zur ersten Begegnung mit dem literarischen und musikalischen Lebenswerk. Auf der zweiten und dritten Ebene entfalten Abendveranstaltungen, Tagesseminare und Wochenenden die theologischen, spirituellen und heilkundlichen Botschaften der großen Benediktinerin des 12. Jahrhunderts.

Das Forum will Menschen aller Altersschichten einladen, Hildegard ganzheitlich zu erleben. Theologische Vorträge, Gesprächskreise, Meditationen, Ratschläge zur gesunden Lebensführung verbunden mit praktischen Übungen in der Lehrküche gehören zum Programm des Forums. Informationen verbinden sich mit Wanderungen über Wald- und Weinlehrpfade, spielerisch gestalterischen Elementen. Ein großer Hildegard-Kräutergarten und ein mittelalterlicher Obstgarten ergänzen das Informations- und Erlebnisangebot.

Kontaktadresse: Kreuzschwestern. Rochusberg 1, 55411 Bingen
Tel. (06721) 928-158

Seit 1666, dem Jahr der letzten großen Pest am Rhein, ist der Rochusberg mit seiner Pestkirche der bedeutsamste Ort der Rochusverehrung diesseits der Alpen. In jedem Jahr feiern die Menschen des Binger Landes im August das Rochusfest, das die Stadtväter 1666 versprachen.

Die Rochuskapelle besitzt einen ihr Leben in acht Bildern erzählenden Hildegardisaltar, und sie beherbergt den Schrein des heiligen Rupertus der Abtei Rupertsberg.

Seit 1920 ist der Rochusberg auch ein Klosterberg. Die Kreuzschwestern errichten im ehemaligen Rochushotel ihr Provinzhaus und die Oblaten besiedeln ihr fertiggestelltes Priesterhaus unterhalb der Rochuskapelle. Die Kreuzschwestern errichten auf dem Rochusberg ein Kinderheim und leben auf vielfältige Weise das Charisma der heilenden Barmherzigkeit an Hilfsbedürftigen und Behinderten. Ihre Arbeit im Hildegard Forum sehen sie als neue Ausdrucksform des Charismas ihrer Stifterin Adéle de Glaubitz.

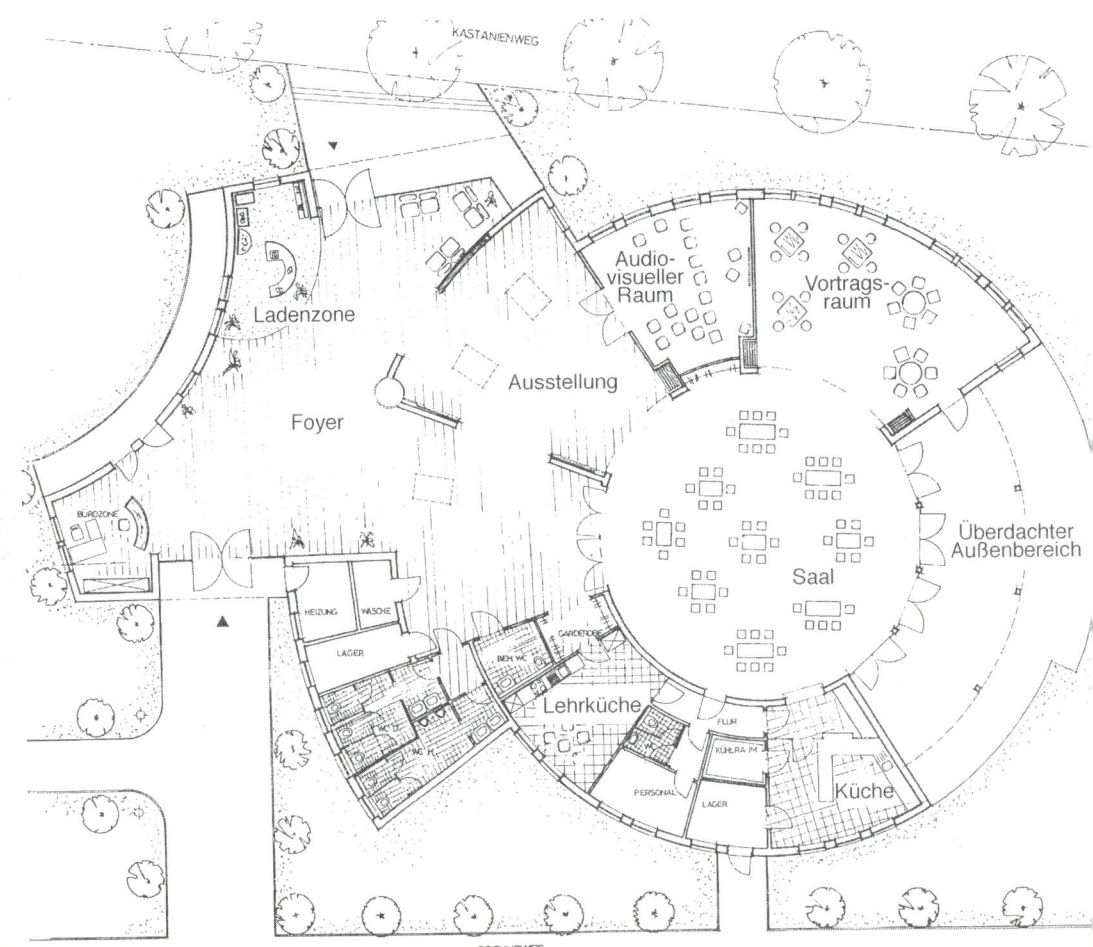